Heather Welford

Besser ein- und durchschlafen für Babys und Kleinkinder

Praktische Tips und nützliche Ratschläge

Mosaik

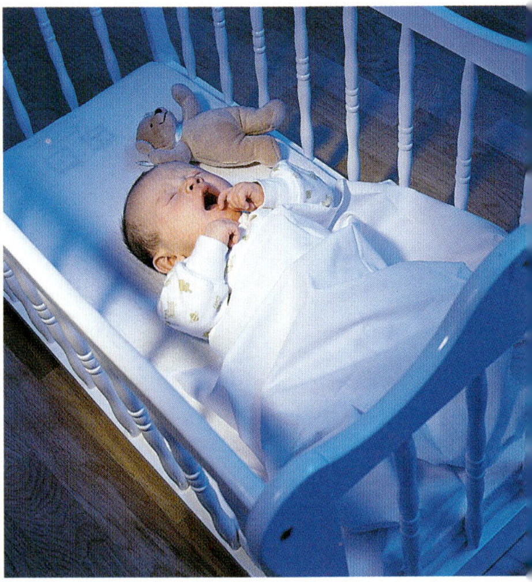

Übersetzung und Produktion der deutschsprachigen Ausgabe: Print Company Verlagsgesellschaft m.b.H., Wien
Aus dem Englischen von Irene Spreitzer
Umschlaggestaltung: Design Team München
Umschlagfoto: Zefa/Picture Book
Druck und Bindung: Printer Portuguesa, Mem Martins
Printed in Portugal / 5 4 3 2 1

ISBN 3-576-13115-9

Hinweis

Es wurde alles unternommen, um sicherzustellen, daß die Informationen korrekt sind und den nationalen Standards entsprechen, die zur Zeit der Veröffentlichung gültig sind. Aber dieses Buch kann und darf nicht den Rat eines Arztes ersetzen. Autorin und Verlag müssen jede Verantwortung für Schäden oder Verletzungen ablehnen, die direkt oder indirekt durch die Anwendung der in diesem Buch gegebenen Tips entstanden sind.
Sprechen Sie immer mit Ihrem Arzt oder Apotheker, bevor Sie Ihrem Kind ein Medikament verabreichen.

Danksagung

Die Autorin und die Herausgeber möchten Adrian Weinbrecht für seine wertvolle Unterstützung danken. Er machte alle Fotos in diesem Buch außer den Abbildungen auf Seite 19 Ian West/Bubbles; Seite 6, 29, 31o, 31m, 35u, 41u, 43u, 47o, 48, 55, 56, 57, 59, 60o, 63o, 66, 72, 73o, 75, 78, 80, 82o, 88, 89, 103, 105 Andrew Sydenham. Die Illustrationen stammen von Kuo Kang Chen (Seite 52–54) und Carrie Hill (Seite 25).

INHALTSVERZEICHNIS

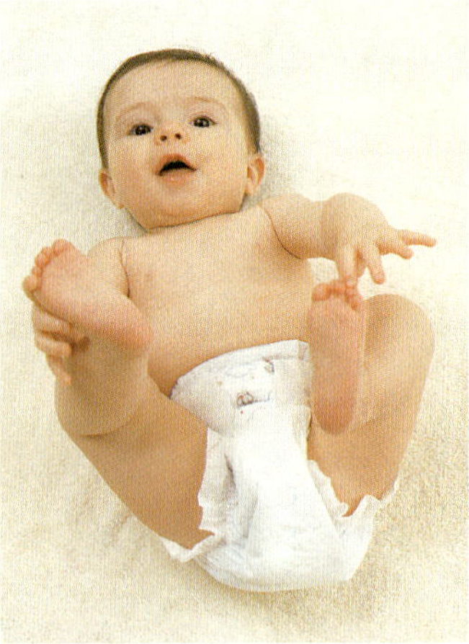

EINLEITUNG

Dieses Buch richtet sich an alle Eltern, die der Ansicht sind, daß es den Menschen in der heutigen schnellebigen Zeit vor allem an Zeit und Schlaf mangelt. Es ist auch dann für Sie geschrieben, wenn Sie Ihr Familienleben genießen und ein glückliches Baby oder Kleinkind haben, das in der Nacht ebenso zufrieden ist wie am Tag.

Heute scheint das Leben größere Anforderungen an uns zu stellen als je zuvor. Der Arbeitstag wird zunehmend länger, und die Entfernungen zwischen Heim und Arbeitsplatz werden immer größer. Viele Mütter arbeiten Teil- oder Vollzeit oder planen dies für die Zukunft.

Vielleicht sind Sie einfach müde und brauchen mehr Schlaf, oder Sie sehnen sich danach, Sport zu treiben oder einem Hobby nachzugehen, das sich mit Ihrer Elternrolle vereinbaren läßt. Deshalb meinen viele Eltern, daß ihr Baby oder Kleinkind länger und regelmäßiger schlafen sollte, als es möchte. Sogar wenn Sie sich selbst nicht den Streß bereiten, immer zu wissen, was Ihr Kind alles können „sollte", werden Sie endlose Ratschläge von Freunden und Familienmitgliedern bekommen, wie Kinder „durchschlafen" oder „regelmäßig tagsüber schlafen".

„GUT SCHLAFEN"

Die Annahme ist weit verbreitet, daß ein guter Schlafrhythmus angeboren ist oder zumindest erlernt werden kann. Tatsächlich meinen manche Eltern, daß sie (oder ihr Kind) etwas falsch machen, wenn ihr Baby in der Nacht weint oder als Kleinkind noch im Elternbett schlafen möchte. Auf allen Eltern lastet der starke Druck, perfekt zu sein. Sie sind jedoch zum Scheitern verurteilt, wenn Sie glauben, die Schlafgewohnheiten des Kindes nach einer vorgegebenen Norm steuern zu müssen.

Tatsache ist, daß wir zwar gerne ein geordnetes Leben führen möchten, bei dem wir die Bedürfnisse des Kindes vorhersagen und nach den Erfordernissen unseres eigenen Zeitplans befriedigen können, doch stimmen unsere Vorstellungen von Ruhe, Schlaf und Erholung häufig nicht mit denen unserer Kinder überein.

VARIATIONEN ÜBER EIN THEMA

Kinder haben bereits ab dem Zeitpunkt der Geburt ein sehr unterschiedliches Schlafverhalten. Dieses Verhalten kann sich manchmal drastisch oder manchmal aber auch langsam – je nach der geistigen, körperlichen und seelischen Entwicklung des Kindes und *Ihrer* Reaktion auf dieses Schlafverhalten – verändern. Das heißt also, daß *Sie* beeinflussen können, wie Ihr Kind schläft und aufwacht, indem Sie richtig auf das Schlafverhalten reagieren oder auch selbst die Initiative ergreifen.

In diesem Buch möchten wir Ihnen alle Möglichkeiten vorstellen, damit Sie selbst entscheiden können, welche bei Ihnen funktioniert. Es gibt keine „Allheilmittel", nach denen Eltern Schlafstörungen verhindern oder bestehende Probleme lösen können. Sie können sich nur an das Schlafverhalten Ihres Kindes anpassen, indem Sie Ihren Tagesablauf daran anlehnen. Es gibt aber auch andere Möglichkeiten, die jedoch keineswegs ein Familienmitglied unglücklich machen oder unter Druck setzen sollen. Dieses Buch verrät Ihnen, was tagsüber und in der Nacht passiert, damit Sie wissen, was Sie zu erwarten haben und was Sie zumindest vorübergehend als natürlichen Abschnitt in Ihrem Leben akzeptieren und hinnehmen sollten, anstatt ihn mit Gewalt verändern zu wollen.

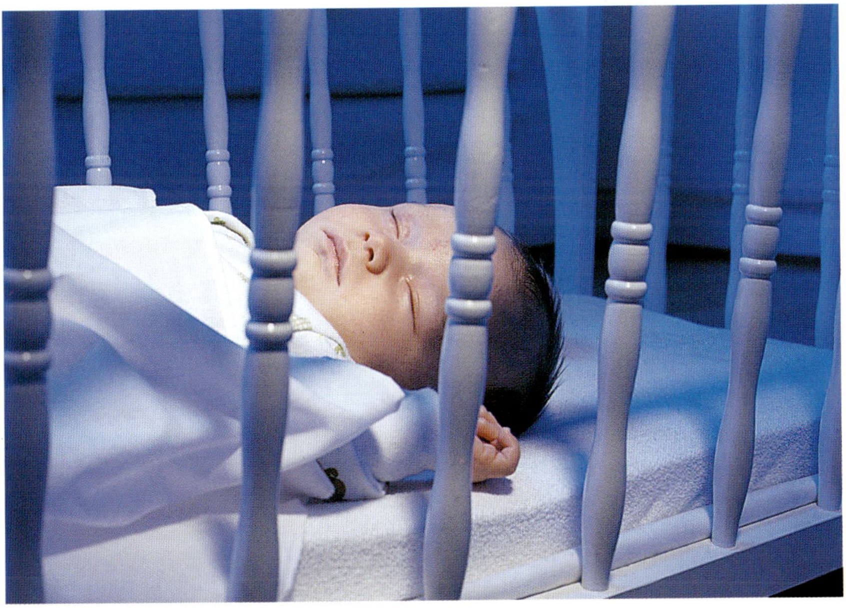

WAS IST DER „DURCHSCHNITT"?

Es wurden bereits unzählige Studien durchgeführt und alle möglichen Schlafmuster und Schlafverhalten bei Babys und Kleinkindern analysiert. Vor allem bei den ganz kleinen Babys konnte man sehr viele interessante Erkenntnisse über Weinen und Blähungen und den Einfluß auf das Schlafverhalten gewinnen. In Büchern sind häufig Tabellen enthalten, die zeigen, wieviel Schlaf ein Kind in einem bestimmten Alter durchschnittlich bekommt (oder benötigt). Diese Tabellen zeigen zwar, wie weit ein bestimmtes Kind vom Durchschnitt abweicht, doch sollte man nie vergessen, daß „undurchschnittlich" nicht „abnormal" bedeutet. Schlafprobleme können auf eine Störung, eine Krankheit oder seelischen Streß zurückzuführen sein. Hier erfahren Sie, wann Sie bei einem Arzt Bestätigung oder medizinischen Rat suchen sollten und wann keine medizinische Indikation vorliegt.

Bei jedem Kind verlaufen Wachstum, Entwicklung, Verhalten und Sozialisation unterschiedlich. Auch Ihr Kind ist einzigartig – und sicher nicht durchschnittlich!

SEIEN SIE REALISTISCH

Häufig haben Eltern sehr unrealistische Vorstellungen davon, wie Kinder sind. Vielleicht glauben Sie, daß Neugeborene nur schlafen und trinken: Wenn Sie überlegen, daß Sie fünf- bis sechsmal am Tag stillen und jedesmal zehn bis 15 Minuten benötigen, um die Windeln zu wechseln und das Baby aufstoßen zu lassen, bleiben noch immer 20 Stunden am Tag zum Schlafen übrig. Manche Neugeborene können diese Zeit hin und wieder verschlafen, doch ist das ungewöhnlich, unrealistisch und sicher *nicht* normal.

Dieses Buch wird Ihnen die Augen öffnen (und auch schließen helfen) und Ihnen und Ihrem Baby zu glücklichen Tagen und Nächten verhelfen.

WIE BABYS UND KINDER SCHLAFEN

Kinder ändern ihr Schlafverhalten in den ersten Lebensjahren mehrmals. Meist schlafen Neugeborene, die erst einige Stunden oder Tage alt sind, anders als Babys, die eine Woche alt sind, und im Lauf der Wochen und Monate werden Sie merken, daß sich die Schlaf- und Eßgewohnheiten ebenso ändern wie das Verhalten.

In diesem Kapitel erfahren Sie, was Sie erwarten können. Die einzelnen Phasen gehen bei Babys und Kleinkindern rasch vorüber, auch wenn es zu der Zeit nicht so scheint. Manchmal können Sie herausfinden, warum sich das Kind gerade so verhält, doch oft ändern sich die Dinge wieder, ohne daß Sie viel dazu beitragen!

DAS NEUGEBORENE

Kommt das Baby gesund und pünktlich (in der 38. bis 42. Schwangerschaftswoche) zur Welt, wird es in der ersten Stunde nach der Geburt aufmerksam und wach sein. (Das ist nicht der Fall, wenn die Geburt unter Vollnarkose stattfand oder Sie Schmerzmittel bekamen, auf die das Baby je nach Dosierung und Zeitpunkt schläfrig reagiert.)

HEISSEN SIE DAS BABY WILLKOMMEN

Heißen Sie Ihr Baby gleich nach der Geburt willkommen, halten Sie es, sprechen Sie sanft mit ihm und streicheln Sie es. Vielleicht möchte es gefüttert werden: Probleme mit dem Stillen lassen sich weitgehend vermeiden, wenn Sie das Neugeborene möglichst bald nach der Geburt stillen.

Vielleicht müssen Sie oder die Hebamme das Neugeborene erst richtig an die Brust anlegen, damit es nicht die Brustwarzen verletzt. Auch Sie werden vielleicht Hilfe benötigen, um eine bequeme Stellung zu finden, die Ihren Rücken entlastet.

Lassen Sie das Baby bestimmen, ob es kurz oder lange trinken möchte. Bereits kurzes Nuckeln ist in diesem Stadium wertvoll, damit das Neugeborene Ihren Geruch und Geschmack kennenlernt und spürt, wie sich Ihre Brüste anfühlen.

FÜTTERN IN DER ERSTEN ZEIT

Geben Sie Ihrem Baby möglichst viel körperliche Nähe, und achten Sie auf alle Anzeichen von Hunger. Vielleicht wacht es auf und beginnt, den Mund oder den Kopf zu bewegen oder zu wimmern. Sie können auf diese Signale nicht reagieren, wenn das Kind viel Zeit in seinem Bettchen verbringt. Deshalb sollten Sie das Neugeborene in dieser Zeit möglichst nah bei sich haben.

ERSTE VERÄNDERUNGEN

Einige Babys brauchen in den ersten Tagen viel Schlaf und wachen kaum auf. Andere sind unruhig und benötigen viel Zuwendung. Dies ändert sich zwischen dem zweiten und dem fünften Tag, wenn die Muttermilch zu fließen beginnt, wenn also aus der Vormilch der ersten Tage reife Muttermilch wird. Viele schläfrige Babys werden munterer, unruhige Kinder dagegen ruhiger, wenn sie mehr Milch bekommen. Auch Babys, die mit dem Fläschchen gefüttert werden, trinken nach den ersten Tagen mehr.

DIE ERSTEN WOCHEN

In den ersten sechs bis acht Wochen gewöhnen sich die Babys an die Welt und an die Menschen, die sie umsorgen, und sie lernen ihre eigenen Bedürfnisse nach Nahrung, Wärme und Zuwendung kennen.

TAGE UND NÄCHTE

Vielleicht bemerken Sie nach den ersten Tagen, daß das Baby in der Nacht besonders lange durchschläft. Es kann etwa drei Stunden schlafen, nur kurz aufwachen, um zu trinken, und weiterschlafen.

Bald wird sich das Baby am Tag anders verhalten als in der Nacht, doch nach etwa zwei bis drei Wochen werden Sie merken, daß Ihr Baby am Abend besonders munter ist. Da dies bei Brustkindern ebenso zu bemerken ist wie bei Flaschenkindern, scheint hier kein Zusammenhang mit der Ernährungsmethode zu bestehen. Einige Babys sind in dieser Zeit sehr munter und fröhlich, sie brauchen Aufmerksamkeit und Zuneigung und vielleicht auch mehr Nahrung. Andere sind dagegen unzufriedener und sehr unglücklich, wenn sie nicht ständig getragen oder gefüttert werden.

Allerdings schlafen Kinder in diesem Alter am Tag mehrmals. Am längsten schlafen sie am Morgen, nachdem sie das erste Mal gefüttert wurden. Danach werden die Schlafperioden immer kürzer, die Kinder bleiben meist nachmittags ganz wach, dösen höchstens kurz und werden gegen Abend immer munterer.

ERSTE ÄNDERUNGEN

Mit der Zeit lassen sich die Bedürfnisse des Babys leichter vorhersehen. Doch in den ersten Wochen müssen sie sich an die Welt gewöhnen.

I

SCHLAFSCHEMA EINES FÜNF WOCHEN ALTEN BABYS

Da Babys mit fünf Wochen jeden Tag zu einer anderen Zeit schlafen oder wach sind, gibt es keinen wirklich „typischen" Tag. Hier ist ein „Stundenplan" eines fünf Wochen alten, gestillten Babys, das seine Mutter weder für übermäßig munter noch für besonders verschlafen hält. Ihr Kind kann ganz anders sein!

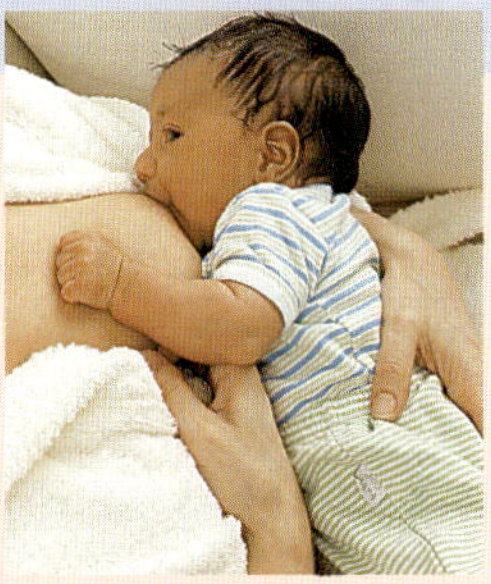

6.00 Uhr	Wacht auf. Trinkt. Schläft nach zwanzig Minuten an der Brust wieder ein.
7.00 Uhr	Wacht wieder auf. Trinkt kurz. Nickt in den Armen der Mutter im Bett ein.
8.30 Uhr	Wacht auf und trinkt. Wird gewaschen und gewickelt, trinkt nochmals kurz und schläft wieder tief ein.
11.30 Uhr	Beginnt aufzuwachen, liegt zufrieden im Stubenwagen, singt eine Minute und beginnt dann laut zu weinen. Trinkt. Bleibt nach dem Stillen eine Zeitlang munter.
12.00 Uhr	Wickeln. In den Kinderwagen, ab zum Einkaufen. Schläft im Kinderwagen schnell ein.
14.00 Uhr	Wieder daheim, schläft noch immer.
14.30 Uhr	Wacht auf, weint, trinkt, nickt in den Armen der Mutter ein. Bleibt in einem Tragetuch in Körperkontakt. Nickt immer wieder ein.
17.30 Uhr	Immer unruhiger und etwas quengelig. Trinkt in den nächsten eineinhalb Stunden nur kurz, schläft wieder ein. Wird nach dem Aufwachen gebadet.
19.00 Uhr	Bleibt den Rest des Abends munter. Muß immer wieder gestillt, liebkost und gewiegt werden. Schläft höchstens 20 Minuten.
23.00 Uhr	Letztes Wickeln und Stillen. Schläft nach längerem Trinken ein. Wacht um drei Uhr wieder auf.

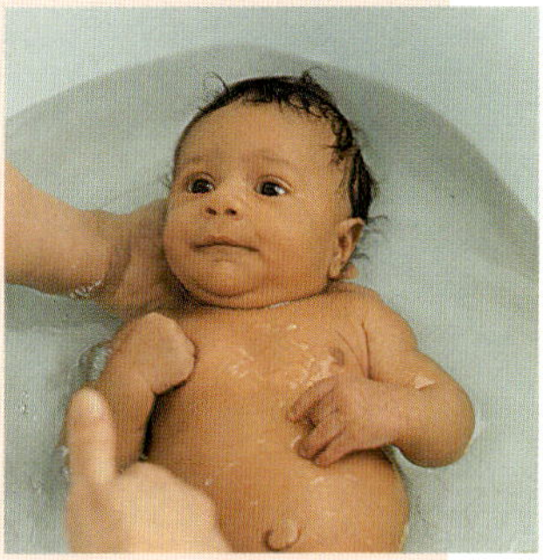

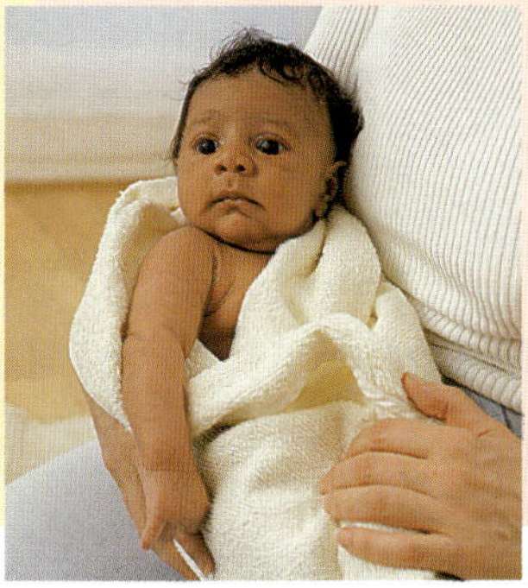

Nach ungefähr drei Monaten war dieses Baby am Abend ruhiger und schlief häufig nach dem Baden ein.

BIS SECHS MONATE

Die meisten Babys haben mit sechs Monaten einen regelmäßigen Schlafrhythmus entwickelt. Wie umfangreichere Studien zeigen, wachen die meisten Kinder in diesem Alter in der Nacht höchstens ein- bis zweimal auf und machen am Tag ein bis zwei Nickerchen.

In diesem Alter sind die Babys meist auch am Abend nicht mehr aktiv, und obwohl sie zu sehr unterschiedlichen Zeiten schlafen gehen können, liegen sie doch meist lange vor den Eltern in ihrem Bett. Jetzt haben Sie am Abend Zeit für sich selbst und können beruhigt davon ausgehen, daß Ihr Kind eine Weile schlafen wird.

Allerdings geht dieser Wechsel nicht abrupt vor sich. Er vollzieht sich ganz allmählich und gemeinsam mit anderen Veränderungen etwa bei den Trink- oder Eßgewohnheiten des Kindes.

SCHLAFRITUALE

Mit sechs Monaten finden die meisten Babys eine Ausfahrt im Kinderwagen, Buggy oder Auto noch immer beruhigend und einschläfernd. Allerdings können sich nun auch andere Schlafrituale entwickeln, und manche Dinge, die immer beruhigend auf das Kind wirkten, können jetzt einen höheren Stellenwert erlangen. Dazu zählen:

- Stillen
- das Fläschchen
- ein Schnuller
- ein spezielles Kleidungsstück oder Spielzeug
- Finger- oder Daumenlutschen
- Wiegen
- Musik oder andere Geräusche

AUFWACHEN

Beobachten Sie, wie das Baby aufwacht. Mit etwa drei Monaten wird es einige Zeit lang wach liegen und fröhlich glucksen oder mit den Händen spielen, bevor es nach Aufmerksamkeit verlangt. Zuvor wachte es auf, weil es hungrig war oder Zuwendung und Sicherheit brauchte, wenn es allein war. Nun ist das Kind zufriedener und selbstsicherer und lernt seine Wirkung auf die Welt kennen. Es kann fasziniert auf einen Schatten oder ein Licht an der Decke starren oder den wehenden Vorhang beobachten. Es kann seine Decke betrachten oder sich einem Spielzeug widmen.

ESSRHYTHMUS

Beginnt das Baby, feste Nahrung zu essen (dies ist bei den meisten Kindern der Fall, bevor sie ein halbes Jahr alt sind), können diese Mahlzeiten seinen Tag gliedern. So kommt ein spezieller Rhythmus in das Leben des Babys, der auch seine Schlafperioden bestimmen kann. Mehr Informationen zu diesem Thema finden Sie auf Seite 72.

Noch eine weitere Veränderung steht nun ins Haus. Während Neugeborene und junge Babys bei jedem Lärm einschlafen (und schlafen) können, schrecken ältere Kinder auf, wenn sie ein Geräusch hören oder sie schlafen nicht ein, wenn es zu laut ist. Sie lassen sich leichter durch Aktivitäten und andere Menschen um sich herum ablenken und schlafen besser ein, wenn es ruhig ist.

SECHS BIS ZWÖLF MONATE

Das Baby wird in der zweiten Hälfte seines ersten Lebensjahres sehr aktiv. Schließlich lernt es in dieser Zeit sitzen, krabbeln und vielleicht sogar gehen. Die meisten Babys sind an ihrem ersten Geburtstag mobil, auch wenn sie vor allem vom Bauch auf den Rücken und wieder zurück rollen oder Möbelstücke „umkreisen".

Zudem entwickeln die Kinder in dieser Zeit ein ausgeprägtes Sozialverhalten. Sie zeigen, wie gerne sie spielen und kommunizieren, und sie bevorzugen die Personen, die sie gut kennen, gegenüber anderen. Einige Babys entwickeln eine starke Bindung an ihre wichtigsten Bezugspersonen, wenn sie etwa sieben Monate alt sind, und sie geraten völlig aus der Fassung, wenn diese Personen nicht in ihrer Nähe sind.

DER FLEXIBLERE RHYTHMUS

In dieser ereignisreichen, aktiven Zeit werden Sie es einfacher finden, Ihre Tage und Abende so zu planen, daß Sie auch ein wenig Zeit für sich selbst bekommen, und das Baby einen flexibleren Rhythmus annimmt, wenn Sie dies wünschen. Vielleicht beginnen Sie jetzt, wieder außer Haus zu arbeiten, oder Sie verlängern Ihren Arbeitstag, wenn Sie bereits wieder im Berufsleben stehen. Dann kann es nötig sein, den Schlaf- und Wachrhythmus Ihres Kindes an Ihren Tagesablauf anzupassen (siehe Seite 111).

MORGENAKTIV

Manche Babys beginnen in diesem Alter sehr früh aufzuwachen. Das ist normal. Tips, die Ihnen diese Zeit erleichtern, finden Sie auf Seite 46.

TAGESABLAUF VON TERESA, ELF MONATE ALT	
	Ein durchschnittlicher Tag im Leben von Teresa:
6.30 Uhr	Teresa wacht auf und wird kurz im Elternbett gestillt. Schläft dann aber nicht mehr ein, sondern möchte sofort spielen.
7.00 Uhr	Steht auf und frühstückt mit dem Vater.
7.30 Uhr	Die Mutter steht auf und hilft dem Vater, Teresa für die Tagesmutter fertig zu machen. Ein Fläschchen Milch und ab ins Auto.
8.00–12.30	Nimmt um 10.00 Uhr bei der Tagesmutter einen Imbiß ein und ißt um 12.00 Uhr zu Mittag. Wird von der Mutter abgeholt und schläft im Auto fast ein.
13.00 Uhr	Wird gestillt und schläft in seinem Gitterbett.
15.00 Uhr	Wacht auf, trinkt, ißt eine Kleinigkeit und spielt.
17.30 Uhr	Abendessen, danach ein Bad. Nun noch ein Lied oder ein Blick in ein Bilderbuch.
19.00 Uhr	Stillen. Danach geht's ins Bett. Teresa schläft meist bis zum frühen Morgen durch.

AUFWACHEN IN DER NACHT

Mit einem Jahr schläft etwa die Hälfte aller Kinder zehn bis zwölf Stunden durch (oder sie schlafen rasch wieder ein, wenn sie einmal aufwachen). Die andere Hälfte wacht einmal oder öfter auf und muß wieder beruhigt werden. Einige Babys, die bereits durchgeschlafen haben, können nun in der Nacht wieder aufwachen.

NICKERCHEN AM TAG

Die meisten Babys brauchen noch ein- oder zwei Nickerchen am Tag, und Sie werden merken, daß das Kind unruhig und quengelig wird, wenn es einmal nicht schläft. Wird sein Rhythmus unterbrochen, schläft es meist nicht so tief oder lange wie sonst. Deshalb ist es oft einfacher, den Rhythmus des Babys auch unterwegs nach Möglichkeit einzuhalten (siehe Seite 60).

DAS KLEINKIND

Erwarten Sie nicht, daß die Dinge so weiterlaufen wie bisher, wenn das Baby seinen ersten Geburtstag gefeiert hat: Sogar das ruhigste, ausgeglichenste und friedlichste Kind kann sich nun verändern.

Einige der folgenden Veränderungen im Schlafverhalten werden Sie zwischen dem ersten und dritten Geburtstag Ihres Kindes bemerken (aber keine Sorge, sicher nicht alle):

- Es schläft tagsüber überhaupt nicht mehr.
- Es wacht in der Nacht nicht mehr auf.
- Es schläft nur noch einmal am Tag, dafür aber länger.
- Es schläft tagsüber kürzer.
- Es schläft tagsüber nur noch im Auto oder im Buggy ein.
- Es beginnt gegen den Schlaf zu kämpfen.
- Es schläft manchmal im Stehen oder Sitzen ein – der Schlaf überkommt es ganz plötzlich.
- Es beginnt, sich gegen den üblichen Schlafrhythmus zu wehren.
- Es hat Angst in der Nacht.

- Es setzt seinen eigenen Schlaf- und Ruherhythmus fest.
- Es fürchtet sich und möchte nicht mehr alleine schlafen, auch wenn das bisher kein Problem war.
- Es wird in der Nacht unruhig und aktiv.
- Es möchte bei Ihnen schlafen, obwohl es bisher in seinem eigenen Bettchen oder Zimmer geschlafen hat.
- Es möchte im Ehebett unterhalten werden – egal, wie spät es ist.
- Die Aufregungen des Tages stören die Nachtruhe.
- Eine Veränderung im Rhythmus zieht eine unruhige Nacht nach sich.
- Es klammert sich so an die Bezugsperson, daß es auch in der Nacht nicht von ihr getrennt werden möchte.
- Es schläft nicht mehr durch.
- Es verlangt mehr Aufmerksamkeit, wenn es nachts aufwacht, obwohl es bisher rasch zu beruhigen war.

ANDERE VERÄNDERUNGEN

In diesem Alter hat das Kleinkind den Drang nach viel körperlicher Bewegung, Spaß, Spiel und Geselligkeit. Kleinkinder langweilen sich rasch und brauchen einen ausgefüllten Tag: Sie finden es toll, sich auszutoben. Aber sie benötigen von Zeit zu Zeit einen Tempowechsel. Deshalb sollten Sie vor dem Schlafengehen und vielleicht auch um die Mittagszeit ruhigere Aktivitäten einplanen. Sie werden merken, daß es dem Kind an sehr aktiven Tagen schwer fällt, sich zu beruhigen und einzuschlafen. Helfen Sie ihm Ruhe zu finden (siehe Seite 75).

SCHLAF WIRD ZU EINEM PROBLEM

In diesem Alter werden Schlaf- oder Ruheprobleme schlimmer als je zuvor. Nun ist auch die Zeit gekommen, da die meisten Eltern Hilfe bei der Lösung dieser Probleme suchen (siehe Seite 81) und es satt haben, darauf zu warten, daß die Probleme von selbst vergehen oder das Kind seine Gewohnheiten verändert. Ein Kleinkind entwickelt ganz natürlich seinen eigenen Willen, und es kann entscheiden, daß es nicht zu der Zeit schlafen oder ruhen möchte, die jemand anderer für richtig hält.

Außerdem haben Sie eine gewisse Sicherheit in Ihrer Elternrolle gewonnen und merken nun, daß eine Veränderung im Schlafverhalten oder ein hartnäckiges Problem dieses Selbstvertrauen schwächen. Es ist jedoch ein Unterschied, ob Sie für ein Kleinkind oder für ein Neugeborenes sorgen.

DAS KINDERGARTENKIND

Ein drei- oder vierjähriges Kind kann einen sehr anstrengenden Tagesablauf im Kindergarten haben. Deshalb ist in den meisten Kindergärten zu Mittag eine Ruhezeit eingeplant, in der manchmal die Kinder auch noch schlafen.

EIN ANSTRENGENDER TAG

Bei der Tagesmutter ist der Tag noch nicht so strukturiert wie im Kindergarten, da noch kein Stundenplan eingehalten wird. Obwohl die Kinder auch im Kindergarten spielerisch lernen sollen, müssen sie doch bestimmte Aufgaben erfüllen, und manchmal wird erwartet, daß sie konzentriert Anweisungen befolgen. Sie lernen andere Kinder kennen und bekommen weniger Unterstützung von Erwachsenen.

Aus all diesen Gründen kann dieses Alter sehr schwierig für das Kind sein, vor allem, wenn es in eine neue Gruppe kommt.

FRÜH INS BETT

Natürlich brauchen nicht alle Kinder mehr Schlaf, und es ist auch ganz normal, wenn diese Phase nur eine Woche dauert oder überhaupt ausbleibt. Doch die meisten Kinder können das Leben in diesem Alter am besten genießen, wenn sie früh ins Bett gehen und die zwölf Stunden Schlaf bekommen, die sie nun meist brauchen.

MEHR SCHLAF NÖTIG?

Es ist normal, wenn ein Kind nun mehr Schlaf benötigt als zuvor. Viele Eltern legen ihr Kind nun eine Stunde früher nieder, und bei einigen Kindern äußert sich dieses Schlafbedürfnis daran, daß sie in der Früh aufgeweckt werden müssen.

Die meisten Kinder machen mit drei oder vier kein Mittagsschläfchen mehr (wenn sie dies im Kindergarten nicht müssen), doch können sie noch in einer Übergangsphase sein. Sie sind sehr müde, wenn sie nach Hause kommen und machen sogar am frühen Abend ein Nickerchen, wenn sie die Möglichkeit haben. Ob das gut ist, erfahren Sie auf Seite 24.

TAGESABLAUF VON STEFAN, VIER JAHRE ALT

	Ein Tag im Leben von Stefan, der seit kurzem in den Kindergarten geht:
7.15 Uhr	Stefan wacht auf und wirft einen Blick auf die Uhr (er kennt die Uhr schon). Wenn er noch nicht aufstehen muß, bleibt er noch im Bett und spielt.
7.45 Uhr	Er steht auf, wird gewaschen und angezogen.
8.15 Uhr	Frühstück
8.45 Uhr	Er wird in den Kindergarten gebracht.
9.00 Uhr	Der Kindergarten beginnt. Stefan bleibt über Mittag.
14.00 Uhr	Wenn er nicht im Kindergarten bleibt, wird er von einem Familienmitglied oder der Tagesmutter abgeholt. Stefan ist müde und ruhig, er ißt eine Kleinigkeit.
16.00 Uhr	Manchmal schläft er danach ein bißchen.
17.00 Uhr	Die Mutter holt Stefan ab und bringt ihn im Auto nach Hause. Hat er im Kindergarten nicht geschlafen, schläft er jetzt ein.
17.30 Uhr	Abendessen, danach ein Bad und eine Geschichte.
19.00 Uhr	Schlafenszeit. Vielleicht sieht Stefan noch ein Bilderbuch an, doch normalerweise wird er rasch einschlafen. Manchmal jedoch mag er nicht einschlafen, wenn er noch zu sehr von den Ereignissen des Tages erfüllt ist.

KINDER UND SCHLAF

Wie wir gesehen haben, schlafen Kinder sehr unterschiedlich. Es ist unfair, ungestörte Nächte oder ein regelmäßiges Mittagsschläfchen zu erwarten, wenn das Kind unglücklich, hellwach, gelangweilt oder einfach böse ist, weil Sie von ihm erwarten, daß es schläft. Allerdings ist auch die Annahme falsch, daß Kinder einfach einschlafen, wenn sie müde sind, und daß Sie keinen Einfluß auf ihr Schlafverhalten haben können. Wie aber machen Sie es richtig?

NEUGEBORENE

Neugeborene brauchen oft die Geborgenheit, die ihnen liebende Arme geben, um einschlafen zu können. Sie haben einen schroffen Wechsel in die Welt erlebt: Im Mutterleib fehlte es ihnen nie an Nahrung, Wärme und Geborgenheit. Deshalb ist es nicht verwunderlich, daß Babys weinen, wenn sie nur beim Füttern in den Arm genommen und dann wieder in ihr Bettchen zurückgelegt werden, nur weil sie jetzt keinen Hunger mehr haben.

Eltern sollten nicht das Gefühl haben, ihr Baby zu verwöhnen, wenn sie es nah bei sich haben, so oft sie wollen oder es nötig ist, damit das Kind zufrieden ist. Neugeborene sind nicht auf die Unabhängigkeit eingestellt, die sie haben, wenn sie nur beim Füttern körperliche Nähe und Wärme bekommen.

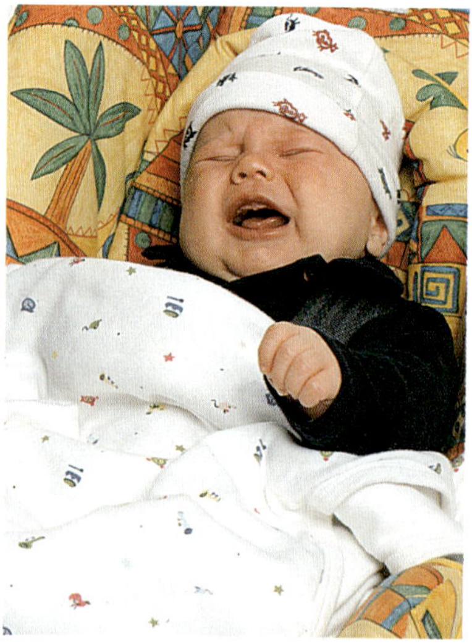

Schläft das Baby besser, wenn es in Ihren Armen liegt, und beginnt es zu weinen, wenn es in sein Bettchen gelegt wird, oder wacht es nach einigen Minuten auf, wenn es nicht mehr gehalten wird, so ist dies kein Grund zur Sorge. Die Bedürfnisse eines kleinen Babys entsprechen seinen Wünschen. Wenn Sie darauf reagieren, zeigen Sie ihm, daß Sie auf seine Bedürfnisse eingehen und es lieben. Diese Phase geht vorüber, und Sie können sich mit dem Tragen auch abwechseln, wenn es Ihnen hilft.

Sie werden nicht immer verstehen, was Ihr Baby möchte, doch werden Sie manchmal instinktiv das Richtige machen. Einige Neugeborene schlafen besser, wenn sie in ein Tuch oder einen Schal eingewickelt sind (doch darf dem Baby nie zu heiß werden); andere hassen es dagegen, eingewickelt zu werden. Manche schlafen nur an der Brust oder mit einem Fläschchen ein und trinken so gerne (aufgrund des Saugbedürfnisses), daß sie gar nicht damit aufhören möchten. Wieder andere Babys nuckeln nur fünf oder zehn Minuten und schlafen dann ein. Das Baby kann auch täglich etwas anderes wollen. Achten Sie einfach auf seine Bedürfnisse.

BABYS UND KLEINKINDER

Ist das Baby ein wenig älter, können Sie leichter mit ihm kommunizieren. Es kann Ihnen mitteilen, was es möchte, und Sie werden wissen, wann es müde ist und schlafen sollte. Viele Eltern wissen, wie sie ihr Baby so weit beruhigen können, daß es leichter einschlafen kann. Sie werden merken, daß Sie diese Dinge nicht bewußt lernen müssen: Sie fühlen unbewußt, was richtig ist und wissen, was bei früheren Gelegenheiten bereits funktioniert hat, wenn das Baby unruhig oder quengelig war. Auf Seite 80 finden Sie dennoch einige Tips von anderen Eltern.

Mißmutige, störrische und quengelige Kleinkinder brauchen vielleicht mehr Schlaf oder einen anderen Schlafrhythmus. Wir sind alle nicht sehr gesellig, wenn wir müde sind, und das gilt genauso auch für kleine Kinder.

KINDERGARTEN

In diesem Alter verändert sich das Schlafverhalten nochmals. Wenn ein Kind den ganzen Tag außer Haus gelernt und gespielt hat, ist es meist froh, wenn es sich langsam entspannen kann, bevor es schlafen geht. Es genießt die Zeit, in der es auf die Nachtruhe vorbereitet wird.

Die meisten (doch nicht alle) Kinder benötigen in dieser Phase mehr Schlaf als zuvor. Da sie nun in der Nacht mehr Stunden schlafen als vorher, legen viele Eltern ihre Kinder nun etwa eine Stunde früher nieder.

Die meisten Kinder halten mit dreieinhalb oder vier Jahren keinen Mittagsschlaf mehr (wenn sie dies nicht im Kindergarten müssen). Dennoch können sie in diesem Alter noch in einer Übergangsphase sein und am Nachmittag so müde werden, daß sie am frühen Abend einschlafen, wenn sie die Möglichkeit dazu haben. Das kann helfen, wenn es den abendlichen Rhythmus nicht durcheinanderbringt.

Gehen Sie nicht immer davon aus, daß Ihr Kind bewußt nicht folgt, wenn es schlecht gelaunt oder aggressiv ist. Genauso wie ein Kleinkind quengelt, wenn es müde ist, kann auch ein drei- oder vierjähriges Kind gegen die Müdigkeit ankämpfen, obwohl der Körper ganz einfach nach Ruhe und Entspannung verlangt.

BEISPIEL EINES SCHLAFPROTOKOLLS

Dieses Schlafprotokoll führte die Mutter eines vierzehnmonatigen Babys, das jede Nacht mehrmals aufwachte, weinte und nur schwer wieder zu beruhigen war. Seine Mutter gab ihm das Fläschchen, um es zu beruhigen, doch wollte sie damit wieder aufhören. Deshalb suchte sie eine Schlafklinik auf und brachte dieses Protokoll zu der zweiten Sitzung mit.

Wichtige Punkte in einem Schlafprotokoll:

- Zeit
- Verhalten
- Schlafplatz
- Wie beruhigen Sie das Kind?

20.00 Uhr J. wird gebadet und gefüttert.

20.30 Uhr Halb schlafend wird er in sein Bettchen gelegt. Sobald er im Gitterbett ist, wacht er auf und beginnt zu schreien.

20.45 Uhr Wieder aus dem Bett, spielt, schläft in meinen Armen ein. Er scheint sehr müde zu sein.

21.15 Uhr Ich lege ihn nieder: Er schläft fest.

00.00 Uhr Er wacht schreiend auf, wird gefüttert und schläft wieder ein.

2.00 Uhr Er wacht auf, weint, wirft das Fläschchen weg und weigert sich zu trinken. Er möchte spielen und weint, als ich ihn wieder ins Bettchen lege. Schläft nach etwa zehn Minuten ein.

4.00–6.30 Er liegt bei mir im Bett, weil er wieder geweint hat. Er ist unruhig, strampelt, wird wieder in sein Bettchen gelegt und schreit. Wieder zu mir ins Bett. Er bleibt nicht liegen, sondern verlangt sein Fläschchen. Er trinkt es aus, schläft wieder ein.

9.00 Uhr Er wacht glücklich auf und bekommt sein Frühstück. Ich bin erledigt.

HÄUFIGE PROBLEME

Alle Eltern haben gewisse Vorstellungen vom Schlaf- und Ruheverhalten ihrer Kinder. Was aber, wenn unerwartet Probleme auftauchen, weil das Kind einen anderen Rhythmus wählt?

Niemand ist vor Problemen gefeit, auch wenn diese nur ganz selten vorkommen. Wirklich beunruhigen lassen sich Eltern jedoch meist durch die länger anhaltenden Schwierigkeiten, die aber ebenfalls lösbar sind.

Die folgenden Probleme könnten sich einstellen. Auf den in Klammern angegebenen Seiten finden Sie Lösungsvorschläge.

Achtung: Die Altersangaben sind nicht verbindlich, da es sehr viele Überschneidungen gibt.

NEUGEBORENES (DIE ERSTEN WOCHEN):

- Es ist ständig müde, schläfrig und schwer zu füttern (siehe Seite 11).
- Es ist ständig hungrig, unruhig und schwer zu füttern (siehe Seite 32).
- Es schläft tagsüber und ist dafür in der Nacht hellwach (siehe Seite 66).
- Es weint am Abend (siehe Seite 69).
- Es hat Blähungen, Koliken (siehe Seite 34).

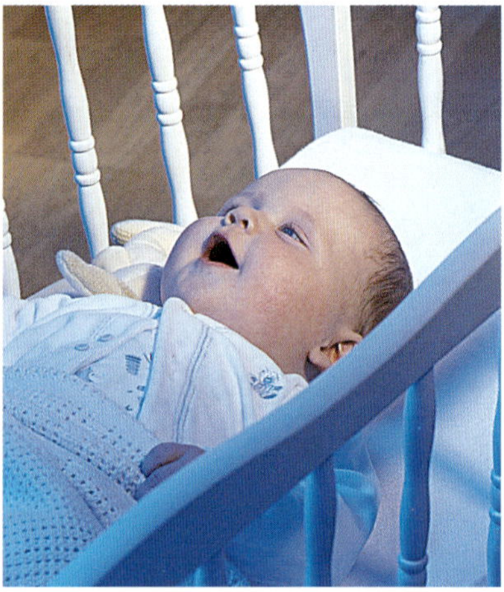

BABY BIS ZU 1 JAHR

Wie beim Neugeborenen, zusätzlich:

- Es ist schwer zu beruhigen (siehe Seite 72).
- Es wacht nachts auf (siehe Seite 40).
- Es wacht sehr früh auf (siehe Seite 46).
- Es zahnt (siehe Seite 31).

KLEINKIND UND KINDERGARTENKIND

Wie beim Baby, zusätzlich:

- Es weigert sich schlafen zu gehen (siehe Seite 39 und 74).
- Es fürchtet sich in der Nacht (siehe Seite 38).
- Es hat Alpträume und Nachtangst (siehe Seite 42 und 44).
- Es neigt zum Bettnässen (siehe Seite 100).

2

WARUM SCHLAFPROBLEME ENTSTEHEN

In einigen Familien gehören Schlafprobleme ab dem ersten Tag dazu. In anderen entstehen die Probleme erst später – manchmal auch nach einer Periode, in der das Kind am Abend regelmäßig schlafen ging und tagsüber ein Mittagsschläfchen hielt.

In diesem Kapitel beschäftigen wir uns mit den Schlafproblemen bei Kindern, die Ihnen Sorgen bereiten können. Sie erfahren, wann Sie professionelle Hilfe suchen sollten und wie Sie selbst Lösungen erarbeiten können, um das Problem in den Griff zu bekommen.

2

WOHLBEFINDEN

Kinder können weinen, weil sie sich körperlich unwohl fühlen. Gründe dafür können die Raumtemperatur, die Umgebung oder die Kleidung des Kindes sein. Auf folgende Dinge sollten Sie achten:

FÜHLT SICH DAS KIND WOHL?

Überprüfen Sie:

■ Ist dem Kind zu heiß?

Sind Babys zwei oder drei Monate alt, brauchen sie nicht mehr Decken oder Kleidung als Sie selbst. Neugeborene fühlen sich wohl, wenn sie eine Schicht mehr tragen als Sie.

Ist dem Kind zu heiß, kann es einen roten Kopf oder Hals haben. Fühlen Sie seine Brust mit dem Handrücken. Sie sollte warm sein, nicht heiß oder feucht. Entfernen Sie, wenn nötig, eine Decke und/oder Kleidungsstücke und öffnen Sie die Kleidung am Hals. Ist dem Baby sehr heiß, muß man es vielleicht völlig ausziehen, damit es sich abkühlen kann.

Kinder brauchen in Räumen weder Kopfbedeckung noch Fäustlinge. Schläft Ihr Baby, wenn Sie von einem Ausflug zurückkommen, entfernen Sie vorsichtig die Decke vom Kinderwagen und ziehen Sie ihm die Straßenkleidung aus.

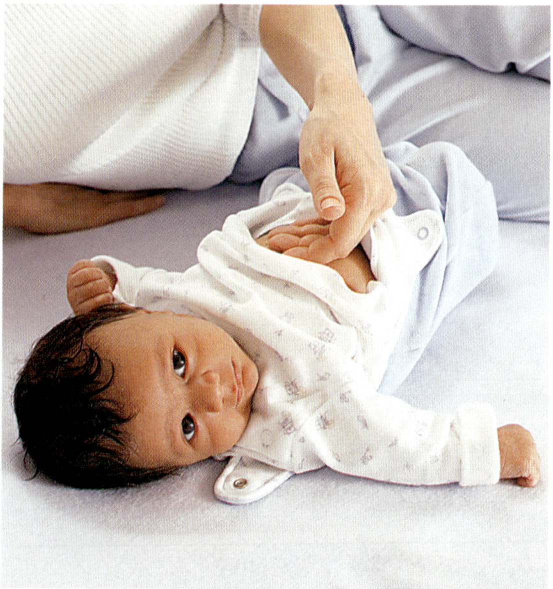

■ Ist dem Kind kalt?

Vermeiden Sie Zugluft in Räumen, und decken Sie das Kind sorgsam zu, wenn Sie mit ihm spazierengehen. Im Winter, bei kaltem, windigem Wetter sind eine Kopfbedeckung und vielleicht Fäustlinge nötig. Dem Baby ist aber nicht kalt, wenn es kalte Hände oder Füße hat – das ist normal.

■ Stört Licht den Schlaf des Kindes?

Das kann bei Babys der Fall sein, wenn das Kind sehr früh aufwacht (siehe Seite 46) oder bei größeren Babys oder Kleinkindern, wenn sie schwer zu beruhigen sind. Ursache können eine Straßenlaterne, elektrisches Licht in einem Nebenraum oder dünne Vorhänge sein. Sie können das Bettchen umstellen oder dichtere Vorhänge vor dem Fenster anbringen.

■ Fühlt sich das Kind im Dunkeln unwohl?
Es stimmt nicht, daß Kinder nur bei völliger Dunkelheit gut schlafen. Sogar Babys können sich wohler fühlen, wenn ein gedämpftes Licht brennt. Sie schlafen dann wieder besser ein, wenn sie aufwachen und sehen, wo sie sind und sich geborgen fühlen.

Ein gedämpftes Nachtlicht oder eine Leuchte, die in einer Steckdose angesteckt wird, eignen sich für diesen Zweck am besten. Manche Eltern lassen auch ein Licht im Nebenraum brennen und öffnen die Tür so weit, daß das Kind das Licht sieht.

2

■ Ist es zu laut?
Babys können durch ein plötzliches Geräusch aufwachen, wenn sie wenige Wochen alt sind, und schlecht einschlafen, wenn es zu laut ist.

Bereits das Geräusch des Kühlschranks oder einer Waschmaschine (auch die der Nachbarn) kann das Baby aufwecken, wenn es nur leicht schläft (die Schlafphasen finden Sie auf Seite 42). Oder vielleicht ist es überhaupt zu laut.

Wenn Sie die Geräusche der Haushaltsgeräte nicht verhindern können, sollten Sie das Bettchen Ihres Kindes umstellen.

■ Ist die Kleidung des Babys unbequem?
Enge Schuhe oder Socken sowie Gummizüge können einschneiden, Kleideretiketten können auf der Haut kratzen, Verschlüsse schmerzen oder Nähte drükken. All das kann Ihr Kind am Schlafen hindern oder es aufwecken, wenn es bereits geschlafen hat.

Überprüfen Sie, ob Kleidung und Fußbekleidung richtig sitzen, indem Sie in die Kleidung greifen. Achten Sie auf Hautrötungen. Schneiden Sie Etiketten ab, und ändern Sie den Verschluß.

■ Ist die Windel naß oder voll?
Heute sind die Wegwerfwindeln bereits so saugfähig, daß sich Babys kaum noch durch eine nasse oder volle Windel gestört fühlen. Stoffwindeln müssen zwar häufiger gewechselt werden, doch dann sollten sie auch keine Probleme verursachen. Die meisten Babys scheinen nur durch *sehr* nasse oder volle Windeln gestört zu werden. Trotzdem wirkt ein Windelwechsel oft beruhigend auf ein Baby, da es beim Wickeln Zuwendung erfährt.

Hat das Baby jedoch einen Ausschlag, kann es Schmerzen haben, wenn es zu lange nicht gewickelt wird, da Urin und Stuhl auf wunder Haut brennen. Deshalb sollten Sie Ihr Kind in diesem Fall häufiger wickeln. Wenn Sie den Po des Kindes sorgfältig reinigen und häufiger die Windeln wechseln und der Ausschlag trotzdem nach wenigen Tagen nicht vergeht, sollten Sie bei einem Arzt oder Apotheker Rat suchen.

■ Zahnt das Baby vielleicht?

Die meisten Babys bekommen mit fünf oder sechs Monaten die ersten Zähne (viele völlig gesunde, normale Kinder jedoch erst mit einem Jahr). Dies bezeichnet man als „zahnen“. Früher hieß es, daß die Babys in dieser Zeit unter allen möglichen Krankheiten leiden, doch heute weiß man, daß das Zahnen keine schweren Krankheiten verursachen kann. Deshalb sollten die Eltern eines zahnenden Babys auch Krankheitssymptome nicht ignorieren.

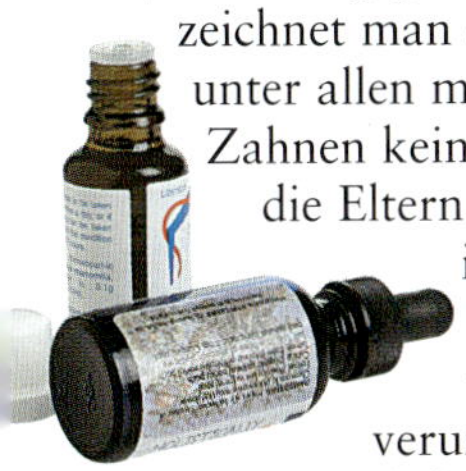

Zwar weiß man nicht, ob das Zahnen überhaupt gesundheitliche Probleme verursachen kann, doch meinen viele Eltern, daß ihre Kinder zu dieser Zeit dünneren Stuhl haben und daher leichter einen Ausschlag bekommen. Zudem weinen die Kinder häufiger, wachen in der Nacht öfters auf und sind unruhiger.

Sind Sie der Ansicht, daß Ihr Baby oder Kleinkind unruhig ist und schlecht schläft, weil es zahnt, können Sie versuchen, ihm mit Paracetamol für Babys, einem homöopathischen Mittel aus der Apotheke, oder mit einer Kräutermischung zu helfen. Auch Kamille ist ein erprobtes Heilmittel, das keinerlei Nebenwirkungen verursacht.

Lassen Sie das Baby außerdem auf etwas kauen, da dies oft Linderung zu schaffen scheint. Kauringe und (zucker- und salzfreie) Kekse helfen ebenso wie Ringe mit einer Füllung (die im Kühlschrank gekühlt werden sollten, da einige Babys die kühlende Wirkung auf dem Gaumen schätzen) und Zahnungsgels, die direkt auf den Gaumen gerieben werden.

IST MEIN BABY HUNGRIG?

Kleine Babys bekommen aus der Brust oder dem Fläschchen nicht nur ihre Nahrung, sondern auch Zuwendung und Sicherheit. Aber auch auf ältere Babys und Kleinkinder kann das Nuckeln noch eine Zeitlang beruhigend wirken.

DIE ERSTEN WOCHEN

2

Es ist normal, daß Neugeborene oft gefüttert werden müssen. Manchmal kann man nur sehr schwer unterscheiden, wann eine Stillmahlzeit endet und die nächste beginnt. Da Neugeborene einen kleinen Magen haben und vor allem die Muttermilch rasch verdauen, können sie sehr schnell wieder Hunger verspüren.

Geben Sie Ihrem Baby die Brust, sobald Sie meinen, daß sein Weinen, seine Unruhe oder die Kopf- oder Mundbewegungen Anzeichen für Hunger sind. Gehen Sie nicht davon aus, daß es „nicht hungrig sein kann". Wie bereits besprochen, kann es für das Baby auch wichtig sein, nur die Nähe der Brust zu spüren.

Wird ein Baby gestillt, kann es nicht zu viel bekommen, da es überschüssige Milch einfach ausspuckt. Babys trinken nur so viel, wie sie brauchen, doch bleiben sie manchmal noch länger an der Brust liegen und nuckeln sanft, ohne viel zu trinken. Flaschenkinder haben diesen Vorteil nicht (nuckeln sie an einem leeren Fläschchen, haben sie höchstens Luft im Bauch). Hier kann ein Schnuller helfen (siehe Seite 35).

GRÖSSERE BABYS

Wenn Ihr Baby älter wird, lernen Sie zu erkennen, warum es weint und sich nicht beruhigen läßt. Zudem braucht es auch nicht mehr so häufig gefüttert zu werden, da es einen regelmäßigen Eßrhythmus bekommt. Trotzdem braucht Ihr Baby oft Ihre Hilfe, um sich zu beruhigen und einzuschlafen.

Wird dem Baby zu der Milch feste Nahrung zugefüttert, kann es durstig werden. Die Muttermilch kann den Durst stillen, aber Sie können dem Kind auch in einem Fläschchen oder einem Becher Wasser geben. Geben Sie Babys unter sechs Monaten nur abgekochtes, handwarmes Wasser. Sie sollten auch abgefülltes Wasser abkochen, solange Ihr Kind noch so klein ist. Fragen Sie Ihren Kinderarzt, welche Sorten abgefülltes Wasser geeignet sind.

HUNGER IN DER NACHT?

Neugeborene müssen auch in der Nacht ihren Hunger stillen. Dies ist bei Brustkindern auch wichtig, damit keine Probleme mit dem Stillen auftreten.

Größere Babys oder Kleinkinder, die zunehmen und gedeihen und neben der Milch auch schon feste Nahrung zu sich nehmen, brauchen in der Nacht meist keine Mahlzeit mehr. Allerdings können sie die Brust oder das Fläschchen verlangen, damit sie wieder einschlafen. Wollen Sie also in der Nacht weniger stillen oder füttern, brauchen Sie keine Angst zu haben, daß Ihr Kind unter Hunger leidet.

Vertrauen Sie aber auf Ihren gesunden Menschenverstand. Wenn ein Baby im Sommer erhitzt erwacht, kann es durstig sein. Geben Sie ihm dann reines Wasser.

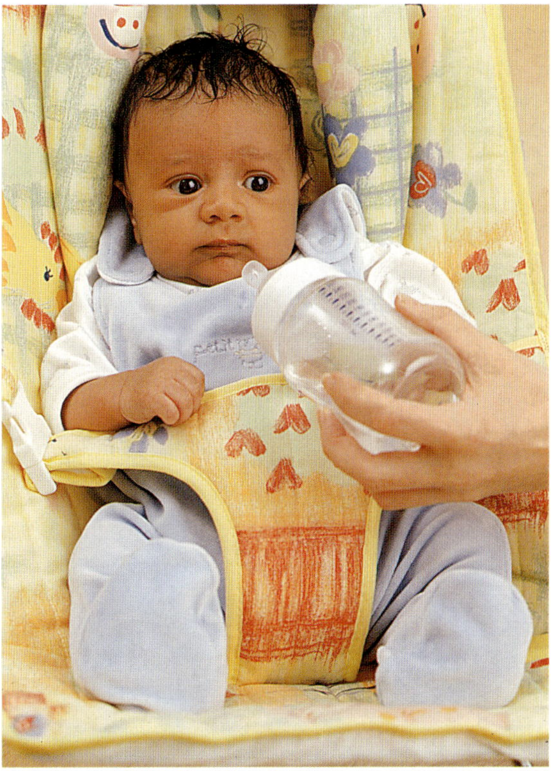

2

KOLIK UND BLÄHUNG

Was ist eine Kolik? Sogar die Experten kennen die Gründe dafür nicht genau. Und ist sie dasselbe wie eine Blähung? Keiner weiß darauf eine Antwort. Sowohl die Symptome als auch die anfängliche Behandlung gleichen einander. In beiden Fällen weint das Baby nach dem Füttern und ist unruhig. Aber es gibt doch einige Unterschiede.

KOLIKEN

Manchmal spricht man von einer Kolik, wenn das Baby fast täglich mehrmals am Tag (oder immer zur selben Zeit) stundenlang weint. Häufig beginnen die Koliken, wenn das Baby zwei oder drei Wochen alt ist. Das Baby schreit in diesem Fall laut und ist untröstlich.

Bei den meisten Babys lassen die Koliken mit der Zeit nach und sind meist mit drei Monaten abgeklungen.

Man erklärt Koliken zum Beispiel damit, daß das Verdauungssystem des Babys noch nicht voll ausgebildet ist und es beim Trinken, Schlucken und Verdauen Schmerzen bekommt, da sich in seinem Bauch Gase sammeln.

BLÄHUNGEN

Manchmal werden Blähungen als Begründung angegeben, wenn ein Baby weniger lang und häufig weint als bei einer Kolik. Die Ursachen sind aber im Grunde dieselben: Das Baby hat Bauchschmerzen, weil sich Gase sammeln, die (nach oben oder unten) abgegeben werden. Die Gase können auch mit dem Stuhl ausgeschieden werden.

ERNÄHRUNG

Einige stillende Mütter haben die Erfahrung gemacht, daß eine Veränderung in ihrer eigenen Ernährung (vor allem das Weglassen von Milchprodukten) bei dem Baby die Blähungen mindert. Fragen Sie den Kinderarzt um Rat.

MÄRCHEN

Einige falsche Annahmen über Blähungen:

- Eine blaue Linie über der Oberlippe ist ein Anzeichen für eine Blähung.
– Dafür gibt es keinen Beweis. Babys haben sehr feine Haut, und warum sollte sich gerade hier eine Blähung zeigen?

- Babys haben einen harten Bauch, wenn sie unter Blähungen leiden.
– Alle Babys haben nach dem Trinken einen harten Bauch, da sich die Muskeln zusammenziehen und entspannen.

2

WAS KÖNNEN SIE MACHEN?

- Stellen Sie sicher, daß Ihr Baby gesund ist, indem Sie es regelmäßig untersuchen und abwiegen lassen. Die meisten Babys, die unter Blähungen leiden, sind gesund, doch beruhigt die Diagnose Sie selbst.

- Geben Sie dem Baby die Möglichkeit aufzustoßen, wenn es beim Trinken eine Pause einlegt. Setzen Sie es einfach auf Ihre Beine oder legen Sie es an Ihre Schulter. Sie können ihm auch den Rücken massieren. Machen Sie aber nicht zuviel Aufhebens darum. Es hat keinen Sinn, das Baby so lange zu halten, bis Sie meinen, daß es genug aufgestoßen hat, wenn es trinken oder schlafen will.

- Versuchen Sie es mit einer Medizin, die in Tropfenform vor dem Füttern verabreicht wird. Die Tropfen sollen bewirken, daß das Gas leichter aus dem Bauch austritt.

- Blähungstropfen können helfen. Sie enthalten Kräuter (meist Dill und Pfefferminze) und werden bei Verdauungsbeschwerden verabreicht. In der richtigen Dosierung können die Tropfen nicht schaden, aber helfen.

HILFT EIN SCHNULLER?

Ein Schnuller ist in Ordnung, wenn er dem Baby hilft und es beruhigt. Wenn Sie stillen, verwenden Sie ihn aber nicht in den ersten Wochen, da Sie mehr Milch produzieren, wenn das Baby an der Brust nuckelt.

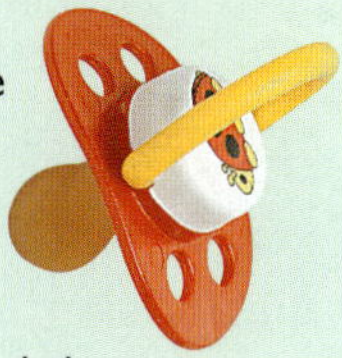

2

IST MEIN BABY KRANK?

Babys und Kleinkinder können nicht sagen, was ihnen wehtut oder ob ihnen etwas wehtut. Da die Kinder nicht mit Worten ausdrücken können, daß sie sich schlecht fühlen, müssen Sie aus ihrem Verhalten schließen, ob das Kind nicht schläft und weint, weil es krank ist.

WANN KÖNNTE DAS KIND KRANK SEIN

Rufen Sie Ihren Arzt oder gehen Sie zum Arzt, wenn das Kind:

- mehrere Stunden nichts ißt, schlapp wirkt und viel weniger lebhaft ist als sonst,
- mehr als eine Stunde lang erbricht,
- länger als einen Tag an Durchfall leidet,
- einen unerklärlichen Ausschlag hat,
- trockene Windeln hat,
- in Farbe oder Struktur ungewöhnlichen Stuhlgang hat (grüner Stuhl ist nicht außergewöhnlich und kann bei Babys auf Getränke zurückzuführen sein),
- fiebrig wirkt und sehr heiß ist. (Prüfen Sie die Temperatur auf der Brust, nicht auf der Stirn. Ist die Haut heiß und verschwitzt, hat das Kind wahrscheinlich Fieber.)

WANN SIE SOFORT ÄRZTLICHE HILFE BENÖTIGEN

Rufen Sie unverzüglich einen Arzt, wenn das Kind:

- aus Ohren oder After blutet oder die Windeln blutig sind,
- eine Konvulsion hat (das können nicht nur Zuckungen oder Spasmen sein, achten Sie auch auf unfokussierte Augen und mangelnde Reaktionsfähigkeit),
- Schwierigkeiten beim Atmen hat,
- das Bewußtsein verliert,
- um die Lippen oder im Gesicht blau wird,
- Symptome einer Meningitis aufweist (siehe Seite 37),
- einen blutigen oder johannisbeerroten Stuhl hat,
- offensichtlich unter Schmerzen leidet.

Zwar ist es sehr beunruhigend, wenn das Baby eine lange Zeit hindurch schreit, doch können Sie sicher sein, daß wirklich kranke Kinder nicht ständig weinen. Allein die Tatsache, daß das Kind laut schreit, ist ein Zeichen, daß es zwar gesund ist, sich aber nicht wohl fühlt. Jammert und wimmert das Baby beständig, ist dies eher ein Anlaß zur Sorge.

MENINGITIS – WORAUF SIE ACHTEN MÜSSEN

Eine Meningitis ist eine Entzündung der Gehirnhaut, der Schutzmembran, die das Gehirn und das Rückenmark umgibt. Zwar ist Meningitis eine sehr schwere Erkrankung, doch erholen sich die meisten Kinder völlig, wenn sie rasch behandelt werden.

Anzeichen bei Babys:

- Fieber
- Es ißt oder trinkt nichts.
- Gereiztheit
- Erbrechen
- hohes, jammerndes Weinen
- Es wendet sich vom Licht ab.
- starrender oder tranceähnlicher Ausdruck
- Es ist schläfrig und wacht kaum auf.
- blasse, fleckige Haut oder ein Ausschlag mit winzigen Pünktchen
- gewölbte Fontanelle (die weiche Stelle auf dem Kopf)

Anzeichen bei Kleinkindern und älteren Kindern:

- Kopfschmerzen
- Erbrechen
- Fieber
- steifer Nacken
- Gelenkschmerzen
- Müdigkeit, Verwirrung
- Abscheu vor hellem Licht
- Ausschlag mit roten/violetten Punkten oder Flecken

KEIN SCHLAF – EIN ZEICHEN FÜR EINE ERKRANKUNG

Grundsätzlich nein. Ist das Kind wach und zufrieden, wacht es häufig auf und möchte spielen oder schläft bald wieder ein, dann ist es nicht krank. Sie können sein Verhalten und seine Stimmung am besten beurteilen. Haben Sie das Gefühl, daß es dem Kind gut geht, ist dies wahrscheinlich der Fall.

NACHTANGST

Kleine Kinder können sich vor der Nacht fürchten. In diesem Fall gehen sie nicht gerne schlafen oder haben überhaupt Angst davor, zu Bett zu gehen. Dauert dieser Zustand länger an, werden auch Sie sich davor fürchten, das Kind ins Bett bringen zu müssen. Es benötigt in diesem Fall Zuwendung und Unterstützung.

2

KÄMPFT DAS KIND GEGEN DEN TIEFSCHLAF?

Babys wissen oft sehr genau, daß sie in einem Bettchen liegen. Sie schlafen zwar an der Brust oder in Ihren Armen ein, doch wachen sie gleich wieder auf, wenn man sie ins Bett legt. Warten Sie auf den „richtigen" Moment, um das Baby in sein Bettchen zu legen. Achten Sie auf Anzeichen, daß es fest schläft, und ergreifen Sie dann Ihre Chance. Doch manchmal kann sich das Baby anscheinend nur in Ihren Armen entspannen.

Diese Babys benötigen sehr viel Zuwendung. Sie brauchen einen großen Teil des Tages und der Nacht menschliche Nähe und lassen sich nur langsam entwöhnen. Am besten schlafen sie tagsüber in einem Tragetuch oder in der Nacht bei Ihnen. Manchmal gelingt es, das Baby in sein Bettchen zu legen, wenn es sehr tief schläft. Wenn das Kind etwas älter ist, können Sie ihm beibringen, nach der folgenden Methode selbst wieder einzuschlafen.

ICH HABE ANGST ZU SCHLAFEN

Ist das Kind zwei oder drei Jahre alt, kann man ihm die Angst vor dem Schlafen nehmen. Diese Strategie lehnt sich an die Technik der „kreativen Visualisierung" an. Setzen oder legen Sie sich mit Ihrem Kind hin und erzählen Sie ihm eine Geschichte, in der es an einem angenehmen, freundlichen Ort ist, wo es ein großer, starker Freund beschützt, der es in seinen Träumen begleitet. Die Geschichte sollte dem Alter, der Persönlichkeit und der Reife des Kindes angepaßt sein. Wiederholen Sie die Geschichte, bis sie das Kind selbst wiederholen und sich in die Szene hineindenken kann. Nun kann es beruhigt einschlafen, da es weiß, daß es beschützt wird.

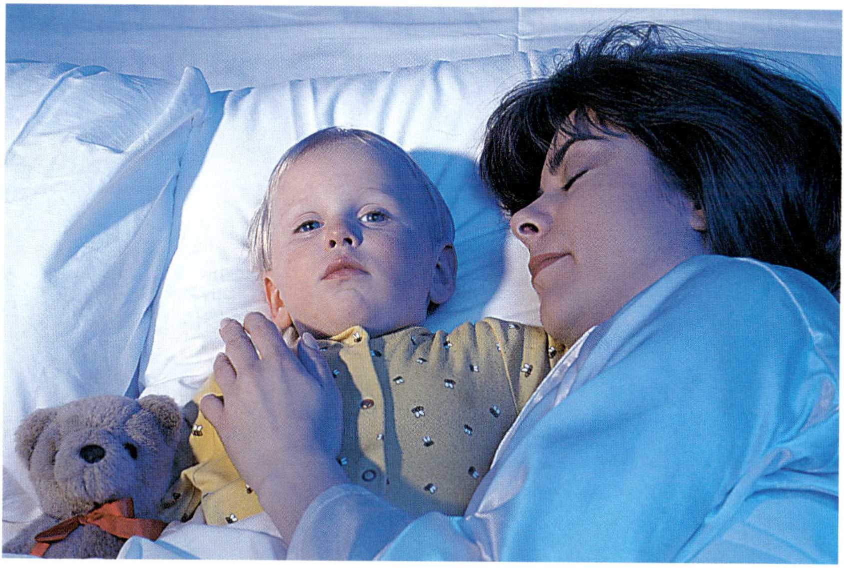

„LASS MICH NICHT ALLEIN!"

Manche größeren Babys und Kleinkinder schlafen nicht gerne allein. Ist das Kind kein Neugeborenes mehr, können Sie seine Ängste vor dem Schlafen zerstreuen helfen. Auf Seite 75 finden Sie Anregungen, wie Sie das Kind beruhigen können.

Wollen Sie wissen, ob sich das Kind vor dem Schlafen fürchtet, Ihnen aber nicht sagen kann warum, so prüfen Sie folgende Punkte:

■ Ist der Raum zu dunkel?
Lassen Sie ein Nachtlicht an oder die Tür offen, damit Licht in den Raum fällt.

■ Fürchtet sich das Kind vor den Schatten an der Wand?
Betrachten Sie den Raum aus seinem Blickwinkel, um herauszufinden, was Ihr Kind ängstigen könnte. Es kann helfen, Möbel umzustellen oder Kleidung wegzuräumen.

■ Ist es zu ruhig im Zimmer?
Schalten Sie das Babyphon ein, damit das Kind die Geräusche aus dem Haushalt hören kann, oder lassen Sie das Radio leise aufgedreht.

SOLL DAS KIND WEINEN, BIS ES EINSCHLÄFT?

Einige Babys weinen einige Minuten, bis sie von selbst wieder einschlafen. Oft ist das nur ein leichter Protest, weil sie nicht allein gelassen werden wollen, und nicht Ausdruck einer echten Angst. Sie sollten selbst entscheiden, welche Strategie Sie anwenden, doch sollten Sie auch nicht vergessen, daß das Kind in seiner Angst noch bestärkt wird, wenn Sie es nicht einmal kurze Zeit in seinem Bettchen weinen lassen. Es könnte meinen, die Angst vor dem Schlafen wäre gerechtfertigt. (Weitere Informationen finden Sie auf Seite 76.)

GESTÖRTE NACHTRUHE

Alle Menschen wachen in der Nacht manchmal auf. Das ist normal und natürlich. Neugeborene müssen gefüttert werden, damit sie die Nährstoffe bekommen, die sie zum Wachstum und zur Entwicklung brauchen. Babys und Kleinkinder sind zwar vielleicht nicht hungrig und durstig, aber sie sehnen sich nach Nähe und Zuwendung, bevor sie wieder einschlafen können. Und einige Babys schlafen sogar „durch", das heißt, daß sie zwar aufwachen, aber allein wieder einschlafen.

EIN PROBLEM – ODER NICHT?

Ob und wann die gestörte Nachtruhe für Sie zu einem Problem wird, hängt ganz von Ihnen ab. Sie können bei Ihrem Kind schlafen, bis es alt genug ist, um allein zu schlafen. Sie können auch den Bedürfnissen des Kindes nachkommen, bis es älter ist und sich in der Nacht nicht mehr fürchtet. Wie Sie auf Seite 50 sehen werden, ist das „Familienbett" für viele Eltern eine gute Lösung.

Sie können aber auch das Schlafverhalten Ihres Kindes ändern, ohne ihm damit zu schaden. Die Strategien, deren sich moderne Schlafkliniken bedienen (siehe Seite 82), werden meist erst bei neun- oder zehnmonatigen Babys angewendet. Sie können aber schon bei sechs Monate alten Kindern funktionieren.

„DURCHSCHLAFEN": DIE CHECKLISTE

1 Warten Sie auf den richtigen Zeitpunkt für sich und Ihren Partner, um den Schlafrhythmus des Kindes zu ändern. Sie müssen sich dabei wohl fühlen und dürfen keinesfalls einen Zeitpunkt wählen, zu dem Sie und Ihr Kind große Veränderungen durchleben. Paßt der Zeitpunkt nicht, warten Sie vielleicht eine Woche.

2 Wacht das Kind in der Nacht auf und braucht es Sie, beruhigen Sie es mit möglichst geringem Aufwand. Füttern Sie es nicht und spielen Sie nicht mit ihm, sondern liebkosen Sie es und richten Sie ihm, wenn nötig, das Bettchen. Lassen Sie es allein, sobald es sich beruhigt hat. (Es wird sich beruhigen, wenn es nicht krank ist oder Schmerzen hat. Wenn Sie das Kind jedoch überhaupt nicht beruhigen können, sollten Sie die Umgewöhnung für diese Nacht unterbrechen.)

3 Weint es wieder, wiederholen Sie den Prozeß.

4 Und weint es wieder, machen Sie nochmals dasselbe … und nochmals.

Es hilft, genau zu notieren, was Sie machen, wann das Kind aufwacht und wie lange Sie bei ihm bleiben. So können Sie den Fortschritt überprüfen. Grundsätzlich bringen Sie dem Kind nur bei, daß es allein wieder einschlafen *kann*, daß Sie in seiner Nähe sind und daß Sie immer für es dasein werden.

Es kann schwierig sein, diese Methode durchzuhalten, doch wenn Sie hartnäckig sind, sollten Sie in einer Woche oder auch schon nach drei Tagen Erfolg haben. Halten Sie durch! Wenn Sie müde sind und eine ruhigere Nacht wollen, können Sie das Kind natürlich zu sich ins Bett nehmen oder es füttern. Allerdings können Sie dann auch nicht erwarten, daß Ihr Kind versteht, warum es manchmal gefüttert oder ins Bett mitgenommen wird, wenn es weint, und warum es manchmal in seinem Bettchen bleiben muß. Diese Inkonsequenz wird schließlich nicht von Erfolg gekrönt sein.

2

TRÄUME UND ALPTRÄUME

Babys und Kleinkinder haben einen anderen Schlafrhythmus als ältere Kinder und Erwachsene. In der REM-Phase (in der schnelle Augenbewegungen auftreten und wir träumen) schlafen wir leichter als in den anderen Schlafphasen. Hier ist der Herzschlag unregelmäßig, Arme und Beine bewegen sich und die Gehirnströme sind aktiv. Babys haben einen hohen Prozentsatz an REM-Schlaf. Erwachsene und ältere Kinder können sich an ihre Träume während der REM-Phase erinnern und sie erzählen, wenn sie während dieser Schlafphase erwachen. Es ist anzunehmen, daß auch Babys träumen, da das Gehirn in Träumen Erlebnisse und Informationen verarbeitet.

TRÄUMEN BABYS SCHLECHT?

Das ist schwer zu beantworten, doch ist anzunehmen, daß sie erst wirklich schlecht träumen können, wenn sie alt genug sind, die Welt zu verstehen und sichere von gefährlichen Erlebnissen zu unterscheiden. Das ist mit zwei oder drei Jahren der Fall. Schlechte Träume werden ab etwa vier Jahren häufiger.

EIN ALPTRAUM?

Schlafexperten meinen, daß Kinder ab drei bis sechs Jahren Alpträume haben können. Hat ein Kind einen Alptraum, wird es plötzlich aus dem Schlaf auffahren und sehr ängstlich und unruhig sein. Es wird eine Zeit dauern, bis es sich beruhigt hat und überzeugt werden kann, daß es nur geträumt hat.

Tatsächlich sind Alpträume gar nicht so selten, und viele Kinder durchleben eine Phase, in der sie sehr häufig schlecht träumen. Meist werden die Alpträume von selbst wieder weniger, und die Erlebnisse geraten langsam wieder in Vergessenheit.

WAS SIE TUN KÖNNEN

Sprechen Sie sanft und beruhigend auf das Kind ein. Sagen Sie ihm, daß es schlecht geträumt hat, und erklären Sie ihm, daß dieses furchterregende Erlebnis nur in seinem Kopf stattfand und nicht wirklich war.

Erklären Sie Ihrem Kind, daß das Erlebte zwar schrecklich war, es aber keine Angst zu haben braucht, weil es nicht wirklich passiert ist. Seien Sie mitfühlend. Einige Eltern finden es hilfreich, wenn sie sich die Geschichte von dem Kind erzählen lassen, damit sie das Erlebte abschwächen können. Wenn das Kind erzählt, daß es von der bösen Hexe geholt wurde, kann man ihm sagen, daß die Hexe nur eine dumme Frau mit einer Maske war.

Merken Sie, daß das Kind einen Alptraum hat (es schreit und ruft), aber noch schläft, wecken Sie es nicht auf. Sprechen Sie leise mit ihm und streicheln Sie seinen Arm oder die Stirn. Bleiben Sie bei dem Kind, bis es sich beruhigt.

GUTE-NACHT-GESCHICHTE

Manchmal träumen Kinder schlecht, wenn sie eine besonders verwirrende, schlimme Zeit durchleben. Oder sie haben etwas Schreckliches wie gruselige Cartoons oder eine sehr laute Sendung im Fernsehen gesehen und träumen nun davon. Sehr kleine Kinder können mit Schauspielern und Drehbüchern nichts anfangen, und auch wenn sie wissen, daß die schrecklichen Geschichten nur gespielt sind, nehmen sie sich diese doch zu Herzen. Aus diesem Grund sollten Sie dem Kind am Abend keine Geschichten erzählen oder Kassetten vorspielen, die ihm Angst einjagen.

ANGST UND SCHLAFWANDELN

Sowohl Nachtangst als auch Schlafwandeln sind weniger häufig als Alpträume, doch kann jedes Kind jederzeit darunter leiden. Beides bedeutet nicht, daß das Kind verängstigt oder gestört ist. Und Sie brauchen keine Angst zu haben, daß diese Schlafstörungen Ihre Schuld sind.

2

NACHTANGST

Die Nachtangst ist bei älteren Kindern ab etwa zwölf Jahren weit verbreitet und kann aber auch bei Erwachsenen aufscheinen oder erneut auftreten.

Die Ängste entstehen in den NREM-Phasen, in denen das Kind Schreckliches zu träumen scheint. Es setzt sich im Bett auf und schreit, und es kann sogar aus dem Bett steigen und umhergehen. Die Augen sind offen, doch ist das Kind nicht wach. Der Zwischenfall dauert etwa eine Minute, und das Kind kann sich am nächsten Tag nicht daran erinnern.

WIE SIE HELFEN KÖNNEN

Wecken Sie das Kind nicht auf, aber gehen Sie in sein Zimmer, wenn es mehr als einige Sekunden schreit, um sicherzustellen, daß es sich nicht weh tun kann, wenn es aus dem Bett steigt und herumläuft. Helfen Sie ihm ins Bett zurück, wenn es heraussteigt, beruhigen Sie es und lassen Sie es dann wieder allein.

Wenn die Nachtangst häufig auftritt, könnten Sie den Schlafrhythmus des Kindes ändern. Achten Sie darauf, um welche Uhrzeit es zu schreien beginnt und ob sich der Zeitpunkt jede Nacht wiederholt. Ist dies der Fall, können Sie das Kind zehn Minuten davor aufwecken und wach halten. Das kann ausreichen, um den Rhythmus von REM- zu NREM-Phasen zu ändern.

Einige Kinder sind knapp vor Beginn der Nachtangst sehr unruhig. Wenn Sie das Kind in diesem Augenblick aufwecken, können Sie den Vorfall vermeiden. Auch so können Sie die Häufigkeit mindern.

Suchen Sie Hilfe, wenn die Nachtangst nach wenigen Wochen zunimmt. Allerdings vergeht sie bei den meisten Kindern von selbst, ohne daß man weiß, warum sie jemals begann. Sie hat langfristig gesehen keine Nachwirkungen.

EIN FAMILIENLEIDEN

Es gibt Hinweise darauf, daß Schlafwandeln erblich sein kann. Wenn also Sie oder Ihr Partner als Kind Schlafwandler waren, ist es wahrscheinlicher, daß auch Ihr Kind zu schlafwandeln beginnt. Wenn es ein Familienleiden ist, fragen Sie ältere Verwandte, wie sie damit umgingen.

SCHLAFWANDELN

Es kommt selten vor, daß Kleinkinder schlafwandeln. Meist beginnen sie erst in einem Alter von fünf Jahren damit. Wenn kleinere Kinder wirklich einmal schlafwandeln, ist dies meist ein Einzelfall.

Schlafwandler scheinen tatsächlich zu schlafen, obwohl sie die Augen offen haben und umhergehen. Sie gehen nicht mit vorgestreckten Armen oder starrem Blick, sondern stolpern eher unkoordiniert herum. Am nächsten Tag können sie sich nie daran erinnern, was in der Nacht geschah, und wenn sie aufwachen, wissen sie nicht, wo sie sind und was sie machen.

WODURCH ENTSTEHT SCHLAFWANDELN?

Wie auch die Nachtangst hat das Schlafwandeln keine eindeutige Ursache. Es setzt in der NREM-Phase ein, scheint aber nicht mit Ängsten oder Unruhe verbunden zu sein. Dennoch meinen manche Eltern, daß Streßsituationen das Schlafwandeln auslösen.

WIE KÖNNEN SIE HELFEN?

Wecken Sie das Kind nicht auf, führen Sie es zum Bett zurück und beruhigen Sie es wenn nötig. Schlafwandeln hat langfristig gesehen keine Nachwirkungen.

SICHERE NACHT

Ist Ihr Kind Schlafwandler oder hat Ihr Kleinkind gerade erst die Windeln abgelegt, sollten Sie darauf achten, daß Ihr Heim sicher ist:

- Lassen Sie keine Spielsachen oder Hindernisse am Boden liegen.
- Sichern Sie Treppen mit einer Tür.
- Lassen Sie in oder neben der Toilette das Licht brennen.

FRÜHAUFSTEHER

Sobald das Kind sechs oder sieben Monate alt ist, kann es eine oder zwei Stunden vor Ihnen aufwachen, frisch und munter sein, bereit für den Tag. Diese Phase kann andauern, bis das Kind zur Schule geht.

Die Phase kann aber auch kürzer sein, und wie Sie damit umgehen, hängt vom Alter des Kindes ab. Meist kann man Babys füttern und wieder niederlegen. Doch ältere Kinder können energiegeladen sein und spielen wollen, wenn Sie noch völlig verschlafen sind.

SO GEHEN SIE MIT FRÜHAUFSTEHERN UM

- Holen Sie das Baby zu sich ins Bett und versuchen Sie, es wieder zum Schlafen zu bringen. Füttern Sie es, nehmen Sie es in den Arm und schließen Sie die Augen, ohne mit ihm zu sprechen oder zu spielen.
- Ist es Zeit für Ihr Frühstück, stehen Sie auf und frühstücken Sie gemeinsam.
- Lassen Sie das Kind am Boden neben Ihrem Bett spielen, während Sie vom Bett aus ein Auge auf das Kind werfen.
- Die Vorhänge im Kinderzimmer sollten Sonnenlicht ausfiltern.
- Legen Sie das Kind am Abend später als gewöhnlich ins Bett, damit es in der Früh später aufwacht und dennoch genug schläft.
- Am Morgen sollte das Haus ruhig, dunkel und still sein, damit das Kind nicht automatisch annimmt, daß Sie schon auf sind. Sprechen Sie möglichst wenig und flüstern Sie höchstens.

Wacht das Baby über einen längeren Zeitraum sehr früh auf, versuchen Sie ihm beizubringen, dann allein wieder einzuschlafen (siehe Seite 41). Sie brauchen sich nicht schuldig zu fühlen, weil Sie nicht schon um fünf Uhr aufstehen möchten.

KINDERGARTENKINDER

Sobald das Kind drei Jahre alt ist, können Sie es die Uhr lehren, damit es weiß, wie die Zeiger stehen müssen, damit es aufstehen kann. Stellen Sie sicher, daß das Kind in seinem Zimmer etwas zu tun hat, damit es gefahrlos und leise spielen kann, bevor es zu Ihnen kommt. Vielleicht lassen Sie ihm auch ein Getränk im Zimmer, damit es Sie nicht stören muß. Es kann zum Beispiel leise Radio oder Cassetten hören, damit es lernt, Sie nicht aufzuwecken. So bringen Sie dem Kind Rücksichtnahme bei, und es wird gleichzeitig ein wenig unabhängiger.

Sie müssen entscheiden, ab welchem Alter sich das Kind am Morgen ohne Aufsicht beschäftigen darf. Dennoch ist es besser, wenn Sie wissen, daß Ihr Kind aufgestanden ist, auch wenn Sie nicht glauben, daß Sie es beaufsichtigen müssen. Für Drei- oder Vierjährige ist es noch zu gefährlich, allein in der Küche zu bleiben.

SCHNELLE HILFE

Das Baby will nicht schlafen? Gehen Sie der Sache auf den Grund, damit es sich rascher wieder beruhigen kann.

■ Ist ihm heiß? Nur Neugeborene brauchen mehr Decken und Kleidung als Sie selbst.

■ Ist ihm kalt? Zieht es? Hat es seine Kleidung abgestrampelt oder ist seine Decke verrutscht?

■ Ist sein Laken naß und kalt (von einer ausgelaufenen Windel)?

■ Ist es hungrig oder durstig?

■ Ist es krank (siehe Seite 36)?

■ Wurde es durch ein Geräusch aufgeweckt?

■ Hindert das Kind Lärm im Haus oder draußen daran, wieder einzuschlafen?

■ Hatte es einen Alptraum?

■ Hat es sich wehgetan?

■ Hat es Angst im Dunkeln?

Diese Liste erscheint lang, doch Sie werden rasch merken, daß Sie all diese Möglichkeiten auf einen Blick und mit kurzem Überlegen prüfen können. Sie werden anhand des Klangs seines Weinens und anhand seines Gesichtsausdrucks auch rasch wissen, wie beunruhigt oder wie munter Ihr Baby tatsächlich ist.

DER IDEALE SCHLAFPLATZ

Verändert das Kind sein Schlafverhalten, wenn es an einem anderen Ort schläft? Das ist möglich und kann Ihnen helfen, den Schlafrhythmus des Kindes unter Umständen so zu verändern, daß Sie alle ruhiger schlafen können. Manche Kinder ziehen ihr bekanntes Bettchen vor (auch viele Erwachsene schlafen an fremden Orten schlecht) und fühlen sich sehr unwohl, wenn sie in einem fremden Bett schlafen müssen. Sie können dann nicht einschlafen und sind nur sehr schwer zu beruhigen. Der Schlafplatz muß natürlich sicher sein und Alter, Größe und Temperament des Kindes entsprechen.

DAS FAMILIENBETT

Zu allen Zeiten der Menschheitsgeschichte war es ganz natürlich, daß die Babys bei ihren Eltern schliefen. In vielen Gebieten der Welt teilen die Familien noch heute das Bett, da dies wärmer, bequemer und praktischer ist. Die Vorstellung, daß die jüngeren Familienmitglieder in einem eigenen Raum oder Bett schlafen sollen, ist relativ neu.

Etwa 30.000 Generationen lang (seit die Menschen in Familienverbänden leben) haben die Mütter ihre Babys mit sich getragen, da es nur wenige sichere Orte gab. So konnten die Kinder tagsüber und in der Nacht auch leichter gestillt werden. Für die Menschen war das normal, und die Babys „erwarteten“ diese ständige Nähe und den ungehinderten Zugang zu ihrer Nahrungsquelle.

3

SO FUNKTIONIERT DAS FAMILIENBETT

- Wählen Sie ein großes Bett, damit ein unruhiger Schläfer genug Platz hat, um die anderen nicht zu stören.
- Eine Alternative ist ein extragroßer Futon oder ein einzelnes Bett (oder Gitterbett), das an das große Bett herangeschoben wird.
- Babys, die sich noch nicht umdrehen können, sind in Ihrem Arm am Rand des Bettes am sichersten, damit ihnen unter der Decke nicht zu heiß wird.
- Stillende Mütter sollten ein Nachthemd oder einen Pyjama tragen, der sich vorne öffnen läßt, damit Sie jederzeit im Liegen problemlos stillen können.

Achtung: Ein Baby ist allein in einem großen Bett nicht sicher (etwa am frühen Abend, bevor Sie schlafen gehen). Legen Sie es in den Stubenwagen (Neugeborene) oder in ein Gitterbett. Sie können das Kind in Ihr Bett mitnehmen, wenn Sie selbst schlafen gehen. Eine Alternative wären eine Matratze oder ein Futon, die auf dem Boden liegen und nur mit dem nötigsten Bettzeug bedeckt sind.

EINE NATÜRLICHE, LIEBEVOLLE METHODE

Einige westliche Eltern lassen heute ihre Kinder in ihrem Bett schlafen, um ihnen auf natürliche Weise liebevollen Schutz zu bieten. Zudem erleichtert diese Praxis auch das Füttern in der Nacht und erlaubt stillenden Müttern zu dösen, während das Baby trinkt. Und ältere Kinder, die bereits krabbeln oder gehen können, sind am Tag unabhängiger. Deshalb wollen manche Eltern wenigstens in der Nacht ihre Nähe spüren.

Andere Eltern meinen, daß das Baby oder Kleinkind im großen Bett ruhiger ist und besser schläft. Kann das Kind im großen Bett schlafen, wenn es aufwacht und verbringt es zumindest einen Teil der Nacht bei den Eltern, fühlt es sich sicherer, behüteter und schläft besser. Dadurch bekommen auch die Eltern in der Nacht mehr Schlaf.

ARGUMENTE GEGEN DAS FAMILIENBETT – UND ANTWORTEN

„Das Kind wird nie allein schlafen."

– Kinder, die ein Bett mit ihren Eltern teilen, gehen etwa ab drei Jahren in ihr eigenes Bett oder Zimmer und kommen weniger häufig ins Elternbett. Sie entscheiden selbst, wann sie dazu bereit sind. Und ist das nicht der Fall, können Sie diese Veränderung noch immer unterstützen und fördern.

„Kann das Baby nicht ersticken, wenn es in eurem Bett schläft?"

– Es wurden in keiner Studie Anhaltspunkte dafür gefunden. Allerdings zeigen einige Untersuchungen, daß Babys von rauchenden Eltern gefährdeter sind, an plötzlichem Kindstod zu sterben, wenn sie im selben Bett schlafen. Wenn Sie rauchen, ist es daher besser, das Baby nur in Ihrem Bett zu füttern und zu beruhigen.

„Wie könnt ihr dann miteinander schlafen?"

– In einem anderen Raum oder Bett, wenn das Baby schläft.

Achtung!

Es ist sicherer, das Baby nicht im Elternbett schlafen zu lassen, wenn Sie oder Ihr Partner getrunken oder ein Schlafmittel genommen haben.

BETTEN

Wo auch immer das Kind schläft, gelten für jedes Alter zu jeder Tages- und Nachtzeit dieselben Grundregeln. Das Kind muß:

- sicher sein,
- es warm, aber nicht heiß haben,
- sich geborgen fühlen,
- so nahe bei Ihnen sein, daß Sie es sehen oder hören können.

Es muß auch wissen, daß es wohlbehütet und nicht allein ist.

NEUGEBORENE

Sie benötigen kein teures Spezialbett für ein Neugeborenes. Es kann die ersten Wochen seines Lebens in einem Kinderwagen oder einer Kindertrage schlafen und dann in ein größeres Bettchen übersiedeln, wenn Sie eines gekauft haben. Oder es kann vom ersten Tag an in einem Gitterbett schlafen.

Wollen Sie ein spezielles Bettchen für die ersten Wochen, so sehen eine Wiege oder ein Stubenwagen hübsch aus, und Sie haben einen bestimmten Platz, wenn Sie das Kind niederlegen. Die Stubenwagen haben den Vorteil, daß man sie problemlos in verschiedene Räume stellen kann. Achten Sie darauf, daß das Holz oder Korbgeflecht keine rauhen Stellen aufweisen.

ein traditioneller Stubenwagen

Die Bewegung einer Wiege kann das Baby beruhigen.

SPÄTER …

Hat das Kind ein bestimmtes Alter und eine gewisse Größe erreicht, wird das erste Bettchen zu klein, und Sie werden ein größeres Gitterbett brauchen.

Es sind die verschiedensten Gitterbetten erhältlich, wobei die teureren aufwendiger verarbeitet sind als die einfacheren. Sie können das Kinderzimmer mit dem Gitterbett ganz nach Ihrem Geschmack verändern.

Bei den meisten Gitterbetten lassen sich die Seitenteile verschieben und in zwei oder drei Höhen fixieren. Die meisten fünf bis sechs Monate alten Babys sind am sichersten, wenn die Seitenteile ganz hoch fixiert sind. Es hilft auch, wenn der Lattenrost veränderlich ist, damit Sie ihn höher stellen können, solange das Baby klein ist oder Sie es wickeln. Einige Hersteller produzieren Betten, die sich neben einem Doppelbett aufstellen lassen oder auch unabhängig verwendet werden können. Allerdings sollten Sie beachten, daß das Gitterbett umso teurer ist, je vielfältiger es eingesetzt werden kann.

Einige Gitterbetten lassen sich auch in ein erstes Kinderbett verwandeln. Sie können die Seitenteile entfernen und den Lattenrost absenken, wenn das Kind groß genug ist. Das klingt zwar nützlich, doch sollten Sie bedenken, daß Sie ein neues Bett benötigen, wenn Sie ein zweites Kind wollen, bevor das Erstgeborene fünf oder sechs Jahre alt ist (bis dahin kann es das Gitterbett verwenden).

KINDERBETT

Die meisten Kinder sind ab etwa zwei Jahren reif genug für ein großes, eigenes Kinderbett, doch können sie meist noch eine Zeitlang im Gitterbett bleiben. Sie sollten das beste Bett kaufen, das Sie sich leisten können, da ein Kinderbett großen Belastungen ausgesetzt ist. Schubladen unter dem Bett verschaffen Ihnen zusätzlichen Stauraum.

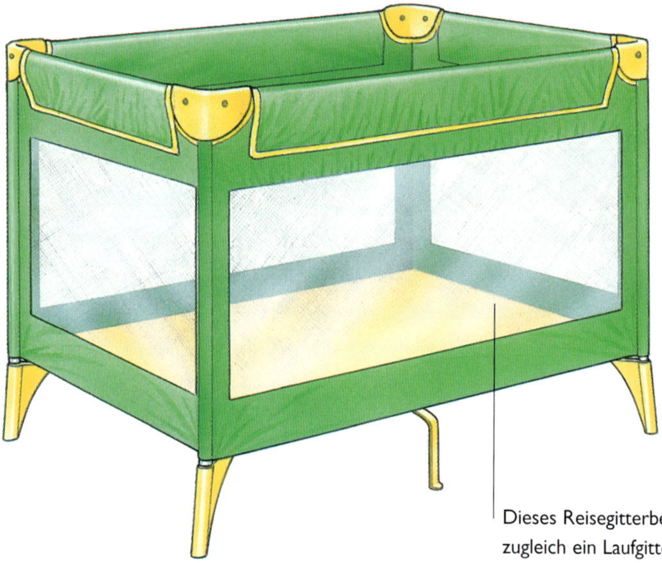

Dieses Reisegitterbett ist zugleich ein Laufgitter.

3

REISEGITTERBETTEN

Ein Reisegitterbett ist praktisch, wenn Sie verreisen oder eine Nacht in einem anderen Haus verbringen, doch ist es nicht stabil genug für die tägliche Belastung. Einige Reisegitterbetten können zugleich als Laufgitter verwendet werden.

MATRATZEN

Die Matratze, die Sie für Ihr Kind kaufen, muß immer in den Rost passen, für den sie gedacht ist. In den Zwischenräumen zwischen Matratze und Rost können sich die kleinen Füße und Hände ebenso leicht verfangen wie die kleinen Finger, die das Bettchen untersuchen.

SICHERHEITSHINWEIS

Kaufen Sie für Ihr Kind nur Dinge, die für den Zweck und die Altersgruppe geeignet sind. Überprüfen Sie, ob die Gegenstände den Sicherheitsstandards entsprechen, und achten Sie bei gebrauchten Waren darauf, daß die Beschläge und Materialien in einem guten Zustand sind. Alte Gitterbetten sehen zwar nett aus, und vielleicht wollen Sie auch etwas verwenden, das bereits seit Generationen in der Familie verwendet wird, doch ändern sich die Sicherheitsstandards ständig, und durch die Abnützung kann das Bettchen instabil werden. Prüfen Sie vor allem nach, ob die Gitterstäbe eng genug stehen und richtig am Rahmen befestigt sind und ob keine Beschläge oder Schrauben vorstehen. (Damit kann sich das Baby verletzen oder sich mit seiner Kleidung darin verfangen.)

ZUBEHÖR

Mobiles, Spieluhren und andere Spielsachen für das Gitterbett unterhalten das Kind, wenn es wach ist und noch in seinem Bettchen liegt. Achten Sie aber darauf, daß keines der Dinge, die das Kind zu sich ziehen kann, gefährlich ist und daß keine kleinen Teile abbrechen oder entfernt werden können, die das Kind kauen oder verschlucken könnte.

UMZUG

Mit sechs oder acht Wochen werden die Babys zu groß für die Wiege oder den Stubenwagen. Wenn der Kopf oder die Füße an den Rand stoßen, kann sich das Kind anschlagen und aufwachen.

Die meisten Babys merken es in diesem Alter noch nicht, wenn sie plötzlich in einem anderen Bett schlafen. Deshalb verläuft der Wechsel meist problemlos, und es ist eher ein Zufall, wenn das Kind in seinem neuen Bett unruhiger ist. Es ist aber auch möglich, daß das Baby nun weiter von Ihnen weg schläft und Sie es erst hören, wenn es laut weint.

VOM GITTERBETT IN EIN KINDERBETT

Ist das Kind in der Lage, aus dem Gitterbett zu klettern, ist es sicherer, ein Kinderbett zu kaufen, auch wenn einige Kleinkinder sehr gut aus dem Bett klettern können, ohne herauszufallen. Sehr lebhafte Kleinkinder klettern bereits mit einem Jahr aus dem Bett, andere versuchen es nie.

Viele Kinder sind mit drei Jahren reif für ein Kinderbett, und die meisten sind mit dreieinhalb oder vier Jahren einfach zu groß für das Gitterbett. Sie fühlen sich nun in einem Gitterbett gefangen.

Überlegen Sie gut, wann Sie das Kind von einem Gitterbett in ein Kinderbett legen. Wenn Sie ein zweites Kind erwarten, sollten einige Wochen zwischen dem Umzug in ein Kinderbett und der Geburt des Babys liegen, damit das ältere Kind nicht eifersüchtig wird und sich ausgestoßen fühlt.

3

LEICHTERER UMZUG

So können Sie den Umzug vom Gitterbett ins Kinderbett erleichtern:

- Erzählen Sie dem Kind, daß etwas Aufregendes passieren wird, daß es nun „groß" ist und ein „großes" Bett bekommt.
- Das Kind gewöhnt sich rascher an das neue Bett, wenn es hier seine Nickerchen hält.
- Zeigen Sie ihm die neuen Kissen und Decken für das große Bett oder nehmen Sie das Kind beim Einkauf mit.
- Lassen Sie das Kind mitbestimmen, wo im Raum das Bett stehen soll.
- Kaufen Sie einen neuen Schlafanzug für den speziellen Anlaß.
- Wenn es möglich ist, entfernen Sie erst die Seitenteile des Gitterbetts, damit sich das Kind daran gewöhnt, ohne Gitter zu schlafen.

AUS DEM BETT FALLEN

Kinder fallen aus dem Bett. Für gewöhnlich verletzen sie sich dabei nicht und oft wachen sie nicht einmal auf. Es ist möglich, daß Sie einen Plumps hören und in das Kinderzimmer laufen, um dort zu merken, daß das Kind tief und fest auf dem Boden schläft. Es ist aber sinnvoll, spitze Gegenstände wegzuräumen und zu vermeiden, daß sich das Kind an Kanten anschlagen kann oder etwas beschädigt wird, wenn es daran stößt (etwa an einen Nachttisch). Ein Schutz, der fest zwischen Matratze und Lattenrost fixiert wird, kann in der ersten Zeit helfen, wenn Sie sehr besorgt sind.

SICHER SCHLAFEN

Das Kind sollte immer sicher sein, gleichgültig wo es schläft. Der plötzliche Kindstod ist zwar selten, doch ein großes Unglück für jede Familie. In den ersten Lebensmonaten sind die Babys am stärksten gefährdet. Die Ursachen sind bis heute nicht bekannt, und es können auch verschiedene Ursachen zugrunde liegen. Allerdings haben Untersuchungen gezeigt, daß man das Risiko mindern kann.

PLÖTZLICHER KINDSTOD

Die Foundation for the Study of Infant Death (Vereinigung zur Erforschung des plötzlichen Kindstodes) gibt den Eltern die folgenden Tips, um das Risiko des plötzlichen Kindestods zu senken:

- Väter und Mütter sollten während der Schwangerschaft nicht rauchen. Es hilft bereits, den Zigarettenkonsum zu senken.
- Lassen Sie Ihr Neugeborenes auf dem Rücken schlafen.
- Lassen Sie niemanden in dem Raum rauchen, in dem sich das Kind aufhält.
- Dem Baby sollte nicht zu heiß oder zu kalt sein.
- Der Kopf des Kindes sollte in Räumen nicht bedeckt sein.
- Die Füße des Kindes sollten im Gitterbett nahe beim Bettende sein, damit das Baby unter der Decke nicht strampeln kann, wenn es am Rücken liegt.
- Suchen Sie unverzüglich einen Arzt auf, wenn sich das Kind nicht wohl fühlt.

3

DECKEN UND KISSEN

Halten Sie sich an die folgenden Richtlinien:

- Verwenden Sie bei Babys unter einem Jahr eine Babysteppdecke.
- Wenn das Baby noch kein Jahr alt ist, braucht es nicht unbedingt ein Kissen.
- Die Bettdecke sollte an die Raumtemperatur angepaßt sein. Dem Baby darf nicht zu heiß werden (prüfen Sie seine Temperatur auf der Brust: Sie sollte warm, aber nicht heiß und feucht sein). Eine gefaltete Decke zählt als *zwei* Decken.
- Spezielle Laken für das Gitterbett sind bequemer.
- Verwenden Sie niemals Heizdecken.

WAS SIE BRAUCHEN

Das Baby benötigt mindestens:

- vier Bettlaken,
- zwei Bettdecken,
- zwei Bettücher (im Sommer nützlich anstatt der Decken).

IM KINDERWAGEN

Für den Kinderwagen gelten dieselben Vorsichtsmaßnahmen wie für das Haus. Nehmen Sie dem Baby immer die Kopfbedeckung und zusätzliche Decken ab, wenn Sie in ein Haus kommen, auch wenn es schläft und Sie es nicht stören wollen.

STILLEN

- Einige Studien lassen darauf schließen, daß Stillen zusätzlichen Schutz vor dem plötzlichen Kindstod bietet. Da die Muttermilch viele Nährstoffe enthält, ist anzunehmen, daß sie das Kind gegen einige Krankheiten, und so auch den plötzlichen Kindestod, immun macht.
- Das Familienbett (siehe Seite 50) scheint die Gefahr des plötzlichen Kindstodes nicht zu erhöhen, wenn Sie nicht rauchen. Es kann sogar sicherer sein, da Sie das Baby leichter stillen können. Besprechen Sie die Vor- und Nachteile mit Ihrem Arzt oder Ihrer Hebamme.

3

SCHLAFSTELLUNGEN

Als Erinnerungshilfe: „auf dem Rücken schlafen“ und „Füße ans Fußende“. Es ist kein Problem, wenn das Baby von selbst andere Positionen einnehmen kann. Sie wollen nur verhindern, daß ihm zu heiß wird, wenn es sich nicht selbst in eine kühlere Lage bringen kann. Kann sich das Baby umdrehen und in eine bequeme Stellung strampeln, kann es sich selbst aussuchen, wie warm oder kühl ihm sein soll.

URLAUB UND AUSFLÜGE

Zu Hause kann alles gut eingespielt sein, so daß Sie und Ihr Baby genug Schlaf und Erholung bekommen. Wenn Sie dann wegfahren, ist alles ganz anders. Meist wird der Urlaub keine dauerhafte Veränderung im Verhalten des Kindes auslösen, denn zu Hause wird alles wieder seinen gewohnten Gang gehen.

Erwarten Sie Veränderungen, wenn:

- Sie Zeitzonen überschreiten oder sich der Zeitplan bereits um eine Stunde verschiebt,
- das Kind in einem anderen Bettchen schlafen muß (das stört vor allem Kleinkinder, die den Grund nicht verstehen und ihre Verwirrung nicht mit Worten ausdrücken können),
- das Kind auf der Reise viel geschlafen hat,
- sich die Essenszeiten und der Rhythmus verschieben, denn auch Babys und Kleinkinder können unter Jet-lag leiden,
- das Kind lange munter war oder spät aufgeweckt wurde.

3

WAS SIE TUN KÖNNEN

Schimpfen Sie nicht mit dem Kind, sondern versuchen Sie, möglichst viel von dem eingespielten Rhythmus zu retten. Zum Beispiel:

- Wenn Sie das Kind immer vor dem Schlafengehen baden, machen Sie dies auch im Urlaub, damit es sich beruhigen kann.
- Vergessen Sie auf keinen Fall das Lieblingsspielzeug oder Schmusetier.

- Essen Sie möglichst nicht zu ungewohnten Zeiten.
- Halten Sie immer ein Getränk bereit. Das Kind sollte viel trinken, damit es nicht durstig wird. Kindern droht vor allem bei Flugreisen die Gefahr der Dehydrierung.
- Wenn Sie länger als eine Woche unterwegs sind und der Zeitrhythmus sehr durcheinander kommt, legen Sie möglichst einen *neuen* Rhythmus fest.

Bleibt das Kind am Abend lange auf, muß es tagsüber ein Nickerchen machen, auch wenn es bereits zwei oder drei Jahre alt ist und zu Hause am Nachmittag nicht mehr schläft.

MIT DEM KIND UNTERWEGS

Reisegitterbetten (siehe Seite 54) können zusammengefaltet und getragen werden, doch sind sie oft recht sperrig und schwer. Man kann sie zwar leicht im Auto transportieren, nicht aber in anderem Gepäck. Übernachten Sie bei Freunden oder Verwandten, kann es helfen, ein Gitterbett auszuborgen (überprüfen Sie, ob es sicher ist). Wenn das Baby häufig (mit Ihnen oder allein) bei den Großeltern übernachtet, kann es einfacher sein, gleich ein Gitterbett dort aufzustellen.

ÜBERPRÜFEN SIE DAS GITTERBETT

Manche Hotels und Appartements stellen Gitterbetten bereit. Prüfen Sie aber immer im voraus, ob das Bett auch wirklich den Sicherheitsstandards entspricht, und schauen Sie sich das Bett bei der Ankunft genau an. Manchmal kann es sicherer sein, das Baby auf einer Matratze auf dem Boden schlafen zu lassen.

IM AUTO SCHLAFEN

Das Baby ist in einem Auto nur in einem speziellen Kindersitz sicher, der seinem Alter und Gewicht entspricht.

Babys lieben Bewegung und schlafen in einem Auto meist leicht ein, da sie durch das Geräusch und den gleichmäßigen Rhythmus beruhigt werden. Einige verzweifelte Eltern machen sich diese Tatsache am frühen Morgen zunutze, wenn sie im Pyjama mit dem Baby, das in seinem Kindersitz endlich eingeschlafen ist, um den Häuserblock fahren.

EIN BEQUEMER SITZ

Junge Babys brauchen ein spezielles Nackenkissen oder eine Kopfstütze, die im Kindersitz befestigt wird. Kann sich der Kopf zu frei bewegen, ist das unangenehm und sogar beunruhigend für das Kind. Achten Sie aber darauf, daß Sie die passende Kopfstütze zu Ihrem Modell des Kindersitzes kaufen.

Die meisten Babys brauchen ab etwa neun Monaten einen neuen Kindersitz (bei einigen läßt sich die Rückenlehne entfernen).

3

BERUHIGENDE FAHRTEN

Haben Sie die Wahl, sollten Sie lange Fahrten am Abend und in der Nacht unternehmen, um den natürlichen Schlafrhythmus des Kindes auszunützen (meist schlafen Kinder in der Nacht am längsten). Aber auch Reisen unter Tag sind einfacher, wenn das Kind schläft, da jede Fahrt, die länger als eine Stunde dauert, langweilig wird. Allerdings wird das Kind am Abend später einschlafen, wenn es tagsüber drei Stunden geschlafen hat.

Lassen Sie das Kind nie allein schlafend im Wagen, außer wenn Sie direkt davor stehen. Es besteht nicht nur die Gefahr, daß jemand das Kind entführt oder den Wagen mit dem Kind stiehlt (beides ist schon vorgekommen), sondern vor allem, daß das Kind aufwacht, unruhig wird, sich aus den Gurten befreien möchte und dabei halb erwürgt wird.

HELFEN SIE DEM KIND EINZUSCHLAFEN

Wenn das Kind im Auto nicht einschläft, dies aber für alle besser wäre, sollten Sie überprüfen, ob es bequem sitzt oder ob es hungrig oder durstig ist. In einem geheizten Wagen braucht ein Baby nur bei großer Kälte eine Kopfbedeckung oder einen Anzug, da ihm sonst zu heiß ist. Mit vier oder fünf Monaten sind die Kinder glücklicher, wenn sie etwas sehen, und mit sechs oder sieben Monaten brauchen sie vielleicht Unterhaltung, damit sie nicht unruhig werden.

Eine Cassette mit Kinderliedern kann zwar helfen, doch haben es die meisten Kleinkinder am liebsten, wenn Sie auch ein wenig selbst singen und sich mit ihnen beschäftigen. Es kann sehr langweilig sein, ein Kinderlied zum hundertsten Mal zu singen, doch wenn Sie sich irgendwann (vielleicht bei der einhundertersten Wiederholung) umdrehen, werden Sie dankbar feststellen, daß das Kind endlich eingeschlafen ist.

CHECKLISTE: SICHERHEIT

Auf die folgenden Punkte sollten Sie achten, damit das Kind im Schlaf sicher ist. Sie werden merken, daß diese Punkte an jedem Ort leicht zu überprüfen sind.

- Wenn Ihr Baby bei Ihnen schläft, achten Sie darauf, daß ihm nicht zu heiß wird; Babys sollten nicht bei rauchenden Eltern schlafen.
- Lassen Sie niemanden in der Nähe des Babys rauchen.
- Prüfen Sie immer, ob das Gitterbett sicher ist, die Beschläge fest angezogen sind und die Matratze gut paßt.
- Babys sollten am Rücken und beim Fußende des Bettchens schlafen.
- Die Decken sollen das Kind wärmen, nicht zum Schwitzen bringen.
- Lassen Sie Ihr Kind nie allein im Auto, auch wenn es im Kindersitz schläft.
- Verwenden Sie keine Federbetten oder Kissen, wenn Ihr Baby noch kein Jahr alt ist.

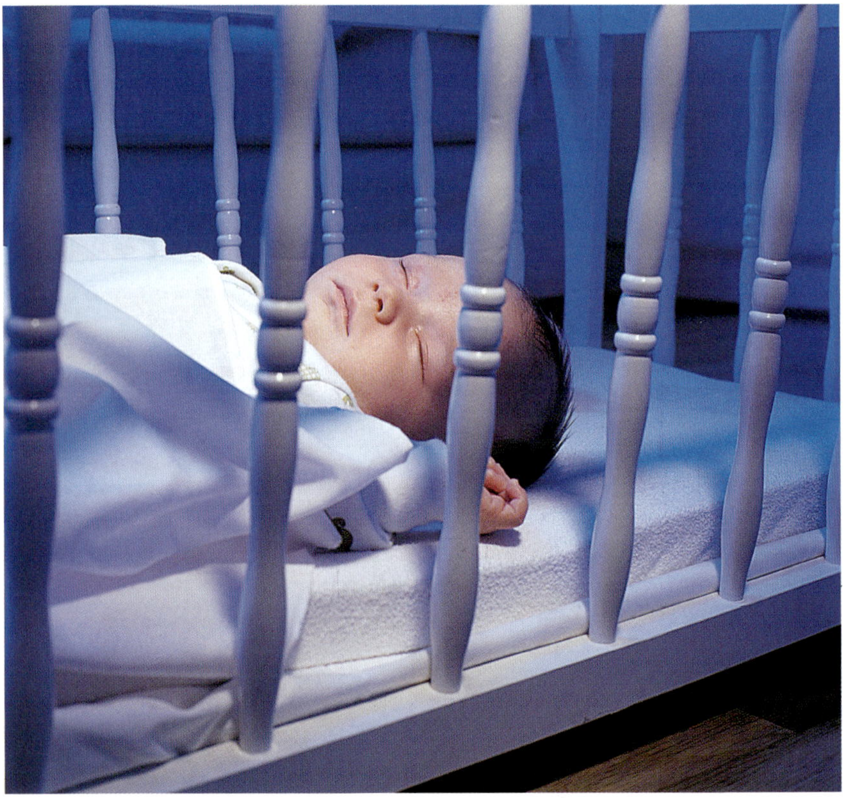

SO SCHLÄFT IHR BABY BESSER

Sie können Ihr Baby auf vielerlei Weise dabei unterstützen, seinen Schlafrhythmus und sein Schlafverhalten so zu verändern, daß es ausreichend Ruhe findet. Dann können auch Sie sich in der Nacht entspannen und den neuen Tag ausgeruht angehen. Keine dieser Methoden soll Ihr Kind verängstigen oder einsam fühlen lassen, doch brauchen Sie eine gewisse Ausdauer, um Erfolg zu haben.

Einige dieser Maßnahmen sind leichter in die Tat umzusetzen als andere, und einige zeitigen erst nach längerer Zeit Erfolg. Doch sollten Sie hier Anregungen finden, die auch Ihren Vorstellungen entsprechen, und vielleicht können Sie ja auch eigene Ideen einbringen.

TAGSCHLAF, NACHTSCHLAF

Neugeborene scheinen keinen Unterschied zwischen Tag und Nacht zu kennen. In den ersten Wochen entwickeln jedoch die meisten Säuglinge einen Schlafrhythmus, der ihnen in der Nacht mehr Ruhe gönnt als am Tag.

Man nimmt an, daß die „innere Uhr" des Menschen diesen Rhythmus bestimmt und wir einen Tag-Nacht-Zyklus entwickeln, wenn wir die Uhr nicht „umstellen" (wie dies etwa Schichtarbeiter machen).

DAS RICHTIGE SCHLAFVERHALTEN

Einige Neugeborene scheinen Tag und Nacht zu vertauschen. Sie sind in der Nacht sehr munter und schlafen tagsüber bis zu zwei oder drei Stunden oder sogar länger durch. Allerdings können Sie einen Tag-Nacht-Zyklus festlegen und dem Baby so helfen, sein Schlafverhalten zu ändern:

- Füttern Sie das Baby von Anfang an in der Nacht weniger. Drehen Sie höchstens einmal dann gedämpftes Licht auf, wenn es unbedingt nötig ist.
- Wickeln Sie das Baby nachts nur, wenn es empfindliche Haut hat oder die Windel ausgelaufen ist.
- Das Baby sollte in der Nacht an einem ruhigen Ort schlafen. Sie können es in Ihrer Nähe haben, doch sollten Sie Radio oder Fernseher leise stellen.
- Babys scheinen manche Geräusche zu mögen. Sie können es daher an ein Tonband oder eine Spieluhr gewöhnen, die in der Nacht laufen.
- Stellen Sie sicher, daß von draußen kein Licht auf das Bettchen des Babys scheint.
- Legen Sie das Baby am Tag nicht in dasselbe Bett wie in der Nacht, damit es lernt, die Nacht etwa mit dem Gitterbett und den Tag mit dem Kinderwagen zu verbinden.

4

EINSTELLEN DER INNEREN UHR

Das Baby hat Tag und Nacht vertauscht? Wecken Sie es am Tag auf und füttern Sie es öfters. Wenn das Baby tagsüber in kürzeren Abständen trinkt, ist zu hoffen, daß es in der Nacht weniger Hunger hat. Diese Methode wird allerdings nur dann funktionieren, wenn Sie eine gewisse Zeit beharrlich sind. Sie ist eine sanfte Möglichkeit, die innere Uhr Ihres Kindes an Ihre Uhr anzugleichen. Allerdings bedeutet das nicht, daß Sie dem Baby in der Nacht die Milch verweigern oder ignorieren, wenn es in der Nacht weint. Vor allem bei kleinen Babys sollte man ihrem Bedürfnis nach Nahrung nachkommen.

Vergessen Sie dabei nie, daß Sie nicht alles haben können. Wenn das Baby in der Nacht gut schläft und etwa zwischen sieben Uhr abends und sieben Uhr morgens nur ein- oder zweimal kurz gefüttert werden möchte, wird es tagsüber viel munterer sein und Sie mehr beanspruchen.

SCHLAF' EIN

Einige Eltern finden es hilfreich, in der Nacht nach dem Füttern immer dieselben Worte zu verwenden, damit sich das Baby schneller beruhigt. Natürlich ist die Wirkung schwer nachzuprüfen, doch könnten Sie es versuchen. Sagen Sie etwa mit ruhiger Stimme „Schlaf' ein, schlaf' ein, ich werde bald wieder bei dir sein". Natürlich machen das viele Eltern automatisch.

DAS ERSTE JAHR

Man kann älteren Babys und Kleinkindern beibringen, allein wieder einzuschlafen, wenn sie nachts aufwachen (siehe Seite 41). Was macht man aber mit jüngeren Babys?

Es ist ganz normal, daß Babys in den ersten Wochen in der Nacht aufwachen, und die meisten Eltern nehmen dies als gegeben hin. Neugeborene müssen rund um die Uhr gefüttert werden, und stillende Mütter benötigen auch in der Nacht die Stimulation, damit sie ausreichend Milch produzieren. Das allerdings wird Ihren eigenen Schlaf nur minimal stören, wenn das Baby nahe bei Ihnen schläft.

Viele Eltern möchten jedoch wissen, ob man einem Baby unter einem Jahr beibringen kann, besser und länger zu schlafen.

DIE LERNMETHODE

Es gibt einige Methoden des „Schlaftrainings", die bereits in den ersten Wochen nach der Geburt beginnen. Früher warnte man Eltern davor, ihr Baby zu verwöhnen. Statt dessen sollten sie es in seinem Bettchen weinen lassen. So sollte es „sich ausweinen". Man empfahl auch, Babys in einem strikten Rhythmus von vier Stunden zu füttern.

Heute weiß man, wie wichtig es für ein Neugeborenes ist, daß seine Bedürfnisse ernst genommen werden. Wir wissen, daß Neugeborene uns noch nicht absichtlich manipulieren können und daß etwas nicht in Ordnung sein muß, wenn ein Baby weint, es sich also unwohl oder verlassen fühlt.

Geben Sie Ihrem Baby daher das, was es am notwendigsten braucht: körperliche Nähe und Geborgenheit. Füttern Sie es und beruhigen Sie es, bevor Sie es niederlegen. Versuchen Sie herauszufinden, was Ihr Baby beruhigt. Vielleicht will es einfach in Ihrer Nähe sein, dann lassen Sie es in Ihren Armen einschlafen. Die Nähe, die Sie ihm in dieser Zeit geben, wird die Grundlage für die Ausgeglichenheit und die Sicherheit Ihres Kindes in späteren Jahren bilden.

BERUHIGEN VOR DEM EINSCHLAFEN

Einige Babys lassen sich nur schwer so weit beruhigen, daß sie einschlafen können. Dies ist vor allem bei Blähungen (siehe Seite 34) und in den ersten drei Monaten der Fall. So können Sie Abhilfe schaffen:

- Lassen Sie das Baby zur Beruhigung an Ihrer Brust oder an einem Schnuller (siehe Seite 35) nuckeln. Wenn Sie das Baby mit einem Fläschchen füttern, ist ein Schnuller die einfachere Variante, da das Kind beruhigt wird, ohne trinken zu müssen, wenn es nicht hungrig ist.
- Streicheln oder klopfen Sie dem Baby sanft und rhythmisch den Rücken, während Sie es auf Ihrem Schoß halten oder an Ihre Schulter lehnen.
- Wiegen Sie das Baby in einer Wiege oder Ihren Armen. Manche Babys scheinen sich durch sanfte wiegende Bewegungen leichter zu beruhigen, andere scheinen kürzeres, heftigeres Schaukeln zu bevorzugen. Das Baby kann auch zu verschiedenen Zeiten und mit unterschiedlichem Alter andere Bewegungen verlangen.
- Wickeln Sie das Baby fest in einen Schal oder ein Tuch ein, wenn es dies mag. Achten Sie aber darauf, daß ihm nicht zu heiß wird.
- Versuchen Sie es mit einem Ortswechsel. Sehr empfindliche Babys benötigen einen ruhigeren Schlafplatz.

VERMEIDEN SIE JEDEN STRESS

Jede Mutter ist nach der großen körperlichen Anstrengung der Schwangerschaft und der Geburt sowie von durchwachten Nächten müde. Hatten Sie eine schwere oder lange Geburt oder einen Kaiserschnitt, wird es länger dauern, bis Sie sich erholt haben. Versuchen Sie, sich die Dinge zu erleichtern:

■ Versuchen Sie nicht, „zur Normalität zurückzukehren" und alles so zu machen wie vor der Geburt. Nehmen Sie sich möglichst oft tagsüber Zeit für sich selbst, damit Sie sich ein wenig entspannen können. Versuchen Sie sich auch auszuruhen, wenn das Baby schläft.

■ Lassen Sie Ihr Baby bei sich schlafen (siehe Seite 50), damit Ihre Nachtruhe weniger gestört ist.

■ Reduzieren Sie Ihre Aktivitäten, damit Sie nicht den ganzen Tag herumhetzen, um alles zu erledigen.

■ Nehmen Sie jede Hilfe an (siehe Seite 92), um sich entspannen zu können.

TAGESPLANUNG – ODER DOCH NICHT?

Wenn Sie die ersten Wochen hinter sich haben, sollten Sie einen Rhythmus finden, der es Ihnen *allen* ermöglicht, besser und entspannter den Berg von Dingen zu bewältigen, die unerledigt geblieben sind.

Bekommt das Baby feste Nahrung (ab etwa sechs Monaten), kann es helfen, regelmäßige Essenszeiten festzulegen und eine Zeit für das Nickerchen zu bestimmen. Das kann nach dem Mittagessen sein, wenn der Zeitpunkt für Sie (und alle, die auf das Baby aufpassen wie Babysitter, Kindermädchen oder Tagesmutter) günstig ist. Setzen Sie Prioritäten und erledigen Sie die Dinge, die jede Woche gemacht werden müssen. Es reicht, wenn Sie etwa einmal in der Woche groß einkaufen, das Bad und die Küche putzen.

FÜTTERN ZUR BERUHIGUNG

Wenn ein Baby mit vier oder fünf Monaten tagsüber soviel Milch bekommt, wie es möchte, und Sie bereits zufüttern, ist es sehr unwahrscheinlich, daß es in der Nacht wirklich hungrig ist. Allerdings können Sie Ihr Baby nachts beruhigen, wenn Sie ihm ein Fläschchen oder die Brust geben.

DEN ABLAUF FESTLEGEN

Sie werden ruhigere Abende und Nächte genießen können, wenn Sie die Nachmittage, Abende und Nächte so planen, daß sich das Baby am Abend beruhigen kann. Das garantiert Ihnen bei einem jungen Baby nicht, daß es am Abend einschläft, da die meisten Babys in den ersten Wochen und Monaten um diese Zeit sehr aktiv sind. Doch kann es Ihren Abend strukturieren und den Weg zu ruhigeren Abenden ebnen, wenn das Baby älter wird. Die Veränderung wird langsam vor sich gehen, nicht von einem Tag auf den anderen.

SCHLAFRHYTHMUS DES BABYS

Hier ist ein möglicher Schlafrhythmus eines fünf Monate alten Baby, das seine erste feste Nahrung bekommt. Seine Mutter meint, daß das Baby leichter einschläft, wenn sie jeden Abend dasselbe Programm mit ihm macht:

„Heute weckte ich Ben um drei Uhr von seinem Mittagsschläfchen auf, da wir seinen großen Bruder Toby vom Kindergarten abholen mußten. Er hatte zwei Stunden geschlafen. Wir kamen etwa um vier Uhr vom Kindergarten zurück, da wir auf dem Weg noch einkaufen gingen. Ben war fröhlich und lebhaft. Er setzte sich in seinem Buggy auf und beobachtete interessiert die Menschen beim Kindergarten. Zu Hause spielte er ein bißchen und trank gemeinsam mit seinem Bruder ein wenig Tee. Um fünf Uhr stillte ich ihn kurz und gab ihm danach Bananenmus.

Um diese Zeit wurde er etwas quengelig und ärgerlich. Ich glaube, er war müde. Er hätte wohl kurz geschlafen, wenn ich ihn in den Kinderwagen oder das Gitterbett gelegt hätte, aber ich versuchte, ihn zu unterhalten, da beide Jungen hintereinander gebadet werden sollten.

Mein Mann badete Ben um sechs Uhr und anschließend Toby. Danach wickelte er Ben, zog ihm seinen Pyjama an und brachte ihn zu mir. Ich stillte ihn wie üblich eine halbe Stunde. Manchmal braucht er länger, vor allem, wenn er einen sehr anstrengenden Tag hatte. Wenn er einschläft, lege ich ihn in sein Gitterbettchen, wo er zwei oder drei Stunden schläft. Bis vor einem Monat schlief er nur bis acht und mußte dann bis elf Uhr oder sogar bis Mitternacht liebkost und gefüttert werden.

Ich werde ihn nochmals aufwecken und füttern, bevor ich schlafen gehe, wenn er bis dahin nicht selbst aufgewacht ist. Wenn ich das nicht mache, wacht er um Mitternacht oder um ein Uhr auf, wenn wir bereits schlafen, und das stört unsere Nachtruhe mehr."

4

Bei einem Kleinkind ist der Rhythmus nicht viel anders, doch ändern sich einige Dinge.
Hier ist der Bericht über einen Abend mit der dreijährigen Rosi:

„Rosi ist nach dem Kindergarten immer müde. Wenn ich versuche, sie wach zu halten, wird sie sehr quengelig und anstrengend.

Gestern schlief sie ein und wachte erst nach vier Uhr auf. Sie trank etwas und aß einen Keks, danach ging sie zu den Nachbarn, um mit ihrer Freundin zu spielen. Um halb sechs bekam sie ihr Abendessen. Ich aß ein wenig mit ihr, obwohl ich mein Abendessen erst viel später einnehme.

Um sechs Uhr ging ich mit ihr nach oben ins Badezimmer. Sie war etwa um Viertel vor sieben fertig, und wir lasen eine Geschichte. Danach sangen wir das Lied, das sie im Kindergarten gelernt hatte, und sie trank warme Milch. Bevor sie schlafen geht, muß sie noch Zähne putzen. Um etwa sieben Uhr war sie im Bett. In ihrem Zimmer hat sie ein Liederbuch mit Kinderliedern, und sie darf immer ein Lied daraus auswählen. Ich mußte ihr also ein Lied vorsingen, und letzte Nacht überredete sie mich sogar zu zwei Liedern. Dann gab ich ihr einen Kuß und ging nach unten. Es war kurz nach sieben Uhr."

SCHLAFRITUALE

Diese Rituale sind oft schon eingespielt, wenn das Baby zwölf oder dreizehn Monate alt ist, doch können sie zwischen zwei und vier Jahren besonders wichtig werden. Sie markieren den Übergang vom Tag zur Nacht und vermitteln dem Kind Sicherheit und Geborgenheit.
Das Kind kann:

- seine Lieblingsspielsachen haben, die es jeden Abend in derselben Reihenfolge mit ins Bett nimmt,
- ein Getränk immer aus demselben Becher trinken, bevor es schlafen geht,
- jeden Abend im Bad dasselbe spielen,
- Nacht für Nacht um dieselbe Geschichte und/oder dasselbe Lied bitten,
- ein Kleidungsstück, ein Bettzeug oder ein Schmusetier haben, mit dem es jeden Abend kuschelt, bevor es ins Bett geht, und die es mit ins Bett nimmt.

Rituale sind gut und können gefördert werden. Zudem sind sie ein vertrautes Element, wenn das Kind an einem fremden Ort schläft. Allerdings sollten Sie verhindern, daß das Kind die Rituale zu sehr ausdehnt. So ist es natürlich in Ordnung, wenn das Kind dem Teddy und vielleicht noch einigen anderen Spielsachen einen Gute-Nacht-Kuß gibt, doch dehnen manche Kleinkinder das Ritual auf sämtliche Spielsachen und die Gesichter in Bilderbüchern und an der Wand aus. Sie müssen dem Kind sagen, wann es genug ist.

Zu anderen Ritualen gehört endloses Essen und Trinken. Das Kind kann etwas trinken und (vor dem Zähneputzen) vielleicht eine Kleinigkeit essen, bevor es schlafen geht. Es kann auch einen Becher neben dem Bettchen haben, falls es durstig wird.

4

MEHR RUHE VOR DEM SCHLAFEN

Sie wollen Ihr Kind mit einem Schlafritual beruhigen, damit es so weit zurückschaltet, daß es einschlafen kann. Ist das Kind „überdreht“, heißt das nicht, daß es auch müde wird. Statt dessen kann es nervös und unruhig und schließlich gereizt werden. Deshalb ziehen es einige Eltern vor, ihrem Kind im Schlafzimmer Geschichten vorzulesen, wenn es bereits im Bettchen liegt. Das Kind beruhigt sich sehr viel schwerer, wenn es im Wohnzimmer ist, wo der Fernseher läuft, andere Menschen sind und das Telefon läutet.

ABENDRITUALE

Der Abend kann nach den Bedürfnissen der Familie eingeteilt werden. Arbeiten die Eltern, wollen sie den Abend mit ihren Kindern verbringen, da sie sonst nur sehr wenig von ihnen sehen. In diesem Fall werden die Kinder viel später am Tag ihr Nickerchen halten, damit sie auch noch am Abend munter und ausgeruht sind.

SOLL DAS BABY WEINEN?

Wie bereits auf Seite 68 besprochen, können Sie ein kleines Kind am ehesten dann zum Schlafen bringen, wenn es sich sicher und geborgen fühlt. Denken Sie immer daran, wie hilflos sich Ihr Baby fühlen muß, wenn es aus Ihrem schützenden Mutterleib auf diese Welt geboren wird. Reagieren Sie auf die Bedürfnisse Ihres Kindes, indem Sie ihm die Wärme geben, die es braucht, um sich in dieser Welt einzugewöhnen.

Halten Sie sich vor Augen: Wenn Babys weinen, wollen sie auf sich aufmerksam machen. Sie können nur so ausdrücken, daß etwas nicht stimmt. Deshalb nehmen Sie dieses Weinen ernst und lassen Sie Ihr Baby nicht allein.

DAS BABY WEINT – WAS TUN?

- Wenn Sie sich um ein weinendes Kind kümmern, heißt das nicht, daß Sie es verwöhnen. Sie zeigen ihm, daß sie seinen Kummer ernst nehmen.
- Wenn man das Kind weinen läßt, kann es daraus schließen, daß es immer allein ist, gleichgültig was ihm fehlt.
- Sie können nie sicher sein, daß Ihrem Kind wirklich nichts fehlt. Es kann sich unbehaglich fühlen, durstig sein, einen Finger eingeklemmt haben oder vor etwas Angst haben. Es gibt da viele Möglichkeiten.
- In der Geschichte der Menschheit haben kleine Kinder immer bei oder nahe von anderen Menschen geschlafen, die sie wärmten und schützten. Bringt man einem Baby des 21. Jahrhunderts etwas anderes bei, arbeitet man gegen die Natur – und das sollte sanft vor sich gehen.
- Natürlich müssen Kinder lernen, von ihren Eltern unabhängig zu werden. Doch dafür haben Sie achtzehn Jahre Zeit, Sie brauchen nichts zu übereilen.

TRÄNEN AUS PROTEST

Einige Babys weinen ein bißchen, bevor sie von selbst wieder einschlafen. Ihre Erfahrung wird Ihnen sagen, ob dies bei Ihrem Baby der Fall ist. Lassen Sie sich in diesem Fall nicht beunruhigen. Ein wenig Protest ist in Ordnung. Das Baby darf sehr wohl ein bißchen weinen, wenn es dann einschläft. Wenn ein Baby weinend einschläft, wird es lernen, daß manche Dinge zwar beunruhigend erscheinen mögen, doch schnell alles wieder gut ist.

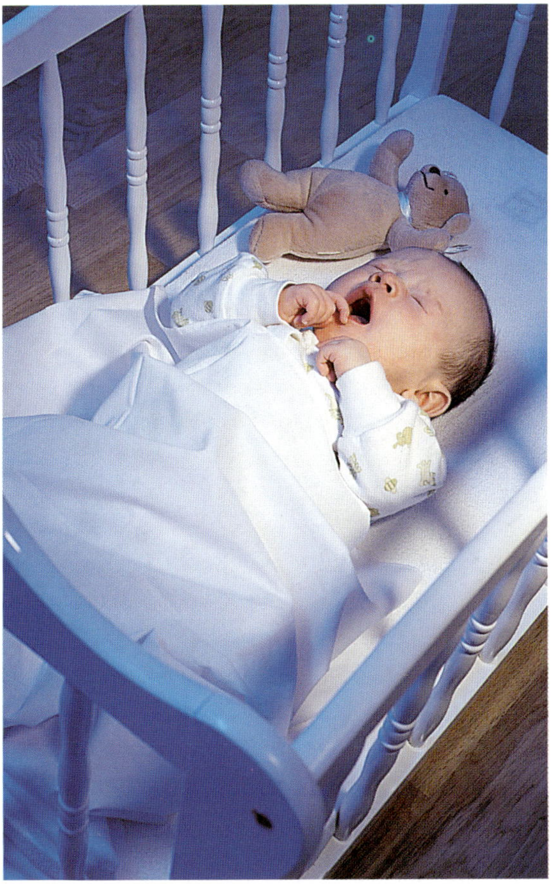

EINSCHLAFTIPS

Auf Seite 41 haben wir die Grundlagen besprochen, wie ein Baby lernen kann, wieder einzuschlafen, ohne seine Eltern zu stören. Dies ist ohne großen Kummer, ohne Angst oder Einsamkeit und auch ohne langes Lernen möglich.

Das Geheimnis dahinter ist, das Kind wissen zu lassen, daß:

- es nicht allein ist,
- Sie zu ihm kommen und es beruhigen werden, wenn es wach und müde ist, doch nicht allein einschlafen kann,
- Sie wissen, daß es allein einschlafen kann und Sie Vertrauen haben,
- es lernen muß, daß man in der Nacht nicht immer zu denen kommen kann, die noch wach sind, um zu spielen, zu sprechen, fernzusehen, zu essen, zu trinken oder gesellig zu sein. Die Nacht ist zum Schlafen da.

UNGESTÖRTE NACHTRUHE

Viele Mütter wählen das Familienbett, um ihre Babys und Kleinkinder mit Muttermilch zu trösten und in der Nacht mit ihnen in Kontakt zu bleiben. Doch auch wenn diese Entscheidung für Sie und Ihre Familie positiv ist, können die Nächte recht anstrengend sein, wenn Sie ein aktives Kleinkind haben, das lange nicht einschläft und in der Nacht spielen möchte.

Sie können dem Kind auch im Familienbett beibringen, von selbst einzuschlafen, wenn Sie das Baby nicht allein schlafen lassen möchten. Gehen Sie dabei genauso nach dem Prinzip vor, dem Kind möglichst wenig Stimulation und aktive Zuwendung zu geben. Lassen Sie es an Ihrer Brust trinken, drehen Sie nicht das Licht auf und ändern Sie Ihre Position möglichst wenig. Befolgen Sie die Punkte auf Seite 50 und stellen Sie sicher, daß alle so viel Platz haben, daß das aktive Kleinkind niemanden stört.

DIESE METHODE DAUERT SEHR LANGE – ODER?

Je konsequenter Sie diese Methode anwenden, desto schneller greift sie. Einige Eltern haben damit Probleme. Sie sind müde, gestreßt und vor allem fühlen sie sich schuldig. Daher nehmen sie ihr Kind mit ins Wohnzimmer oder ins Schlafzimmer, sie gehen mit ihm spazieren oder legen sich zu dem Kind in sein Bett, wenn es allein schläft.

Natürlich ist dagegen nichts einzuwenden, doch wenn Sie auf sich selbst böse sind, weil Sie nachgeben, und am nächsten Tag müde sind, weil Sie die Nacht nicht geschlafen haben, dann ist es an der Zeit, eine Lösung zu suchen.

Das könnte helfen:

- Suchen Sie Unterstützung bei Ihrem Partner und wechseln Sie sich ab.
- Wenn Sie Ihr Baby nicht gerne weinen hören, können Sie bereits nach kurzer Zeit nach ihm sehen, aber wieder gehen, wenn alles in Ordnung ist.
- Führen Sie ein Protokoll, in dem Sie aufschreiben, wann das Kind geweint hat und wann Sie nach ihm gesehen haben. So können Sie leichter einen Fortschritt messen.
- Wenn Sie diese Methode anwenden, führen Sie gleichzeitig ein Schlafritual ein (siehe Seite 74), damit das Kind entspannt ist, wenn es schlafen soll.
- Wählen Sie einen Zeitpunkt, zu dem weder Sie noch Ihr Kind große Veränderungen durchmachen. (Wenn das Kind in die Krabbelstube kommt, Sie einen neuen Job haben oder umziehen, ist das kein guter Zeitpunkt, den Schlafrhythmus zu verändern.)

SCHLAFGEWOHNHEITEN

Die folgenden Hilfsmittel, Rituale und Gewohnheiten haben vielen Eltern geholfen, das Kind vor dem Schlafengehen zu beruhigen. Einige könnten auch bei Ihnen helfen:

- ein spezielles Stofftier, das ständig im Bett des Kindes „lebt" und in der Nacht seine Gegenwart benötigt,
- ein Lied, ein Gebet, eine Geschichte oder ein Reim, die jeden Abend als Zeichen, daß der Tag vorüber ist, wiederholt werden,
- jeden Abend das Bett auf die gleiche Weise zu machen,
- das Versprechen, zehn Minuten später nochmals gute Nacht zu sagen (wenn Sie das Versprechen einhalten können),
- langsames Entfernen im Verlauf einiger Wochen. Liegen Sie erst auf dem Bett, sitzen Sie dann auf der Bettkante, später auf einem Stuhl, den Sie immer näher zur Tür rücken. So helfen Sie einem unruhigen Kind, von selbst einzuschlafen.
- eine Gute-Nacht-Geschichte, bei der das Kind bei Ihnen kuschelt, ist vor dem Schlafengehen viel beruhigender und entspannender als Fernsehen.

HILFE SUCHEN

Was können Sie machen, wenn Sie tatsächlich ein Problem haben, mit dem Sie nicht allein fertig werden? Oder eines, an dessen Lösung Sie gescheitert sind? Oder wenn Sie Hilfe bei der Durchführung einer Methode benötigen, die helfen könnte?

Sie können aus verschiedenen Quellen Hilfe und Informationen beziehen, und zusätzlich gibt es verschiedene unterstützende Therapien und traditionellere medizinische Hilfe. Dieses Kapitel stellt die verschiedenen Optionen vor, damit Sie entscheiden können, welche für Sie und Ihr Baby am besten ist.

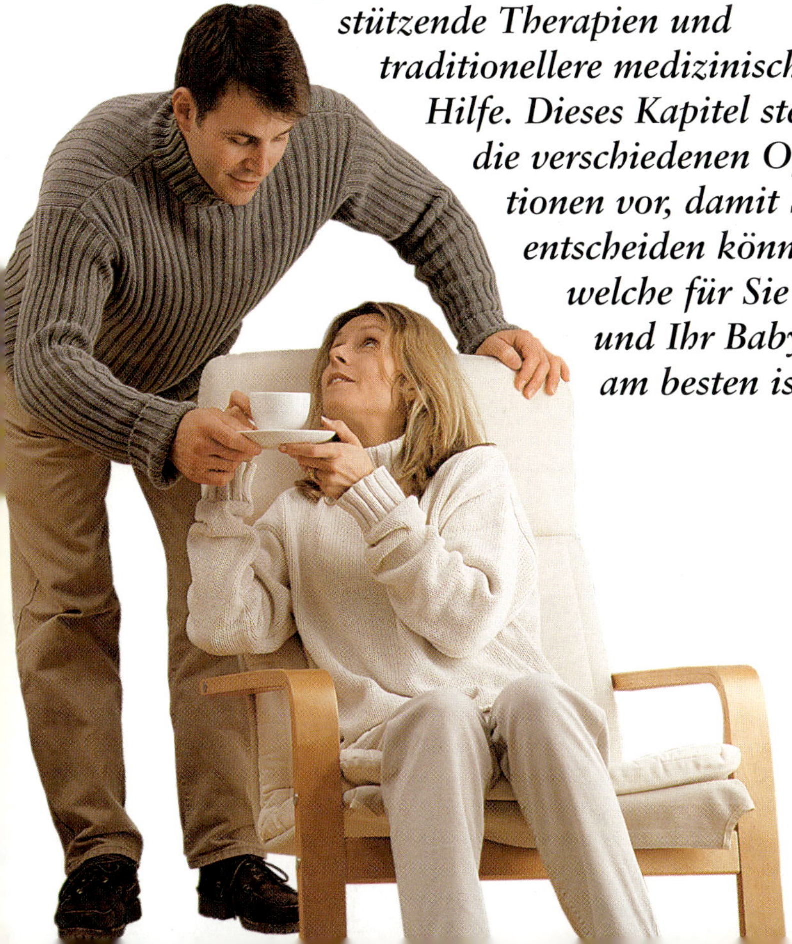

SCHLAFKLINIK

Schlafkliniken werden immer verbreiteter. Meist werden sie von Mitarbeitern des Gesundheitsdienstes geleitet, die eine spezielle Ausbildung in Schlaftherapie und Kinderpflege haben. Einige Kliniken sind an Krankenhäuser angeschlossen.

Meist arbeiten die Haus- und Kinderärzte, die die Eltern an die Klinik überweisen, gut mit den Fachärzten und Pflegern in der Klinik zusammen. Diese sehen vielleicht zusätzliche Probleme bei dem Kind (wie etwa Hyperaktivität), die das Schlafverhalten des Kindes beeinflussen. Möglicherweise ist bei seelischen oder sozialen Problemen der Familie eine Weiterüberweisung nötig.

Die Experten in den Schlafkliniken haben die größte Erfahrung mit Kindern über einem Jahr, bei denen sie am ehesten langfristige Veränderungen erreichen können. Allerdings legen sich die Schlafstörungen von Babys auch oft von selbst, wenn die Kinder älter und reifer werden.

WELCHE ART DER HILFE?

Es ist nicht verwunderlich, daß die beiden häufigsten Fragen, die in einer Schlafklinik gestellt werden, lauten: „Wie kann ich mein Kind dazu bringen, die Nacht durchzuschlafen?" und „Wie kann ich mein Kind dazu bringen, ins Bett zu gehen und dort zu bleiben?" Die Lösungen, die Schlafkliniken zu beiden Fragen anbieten, gleichen denen auf Seite 41.

WELCHE FRAGEN WERDEN GESTELLT?

Man wird Sie in der Klinik nach dem Schlafrhythmus des Kindes seit seiner Geburt fragen. Zusätzlich werden Sie den Aufbau Ihrer Familie, Streßsituationen für das Kind oder Veränderungen in Ihrem Leben schildern müssen.

Vielleicht müssen Sie etwa eine Woche lang ein Schlafprotokoll führen, das als Grundlage und Anhaltspunkt für Veränderungen dient.

WIE HILFT DIE SCHLAFKLINIK?

In der Schlafklinik bekommen Sie eine unabhängige, objektive Einschätzung Ihrer Situation. Man hilft Ihnen, ein Programm für Ihre Situation zu erstellen, und bespricht, wie das Programm im Lauf der Zeit abgeändert werden kann. Vielleicht werden Sie Veränderungen anfangs sehr langsam durchführen, wenn es die Situation erfordert. Zudem erhalten Sie in der Klinik Ermutigung und Unterstützung. Es wird kein Urteil über Sie gefällt, man versucht vielmehr, Ihr Selbstvertrauen als Eltern zu stärken.

In einigen Kliniken werden zwischen den Terminen Hausbesuche gemacht. Das kann helfen, da Sie den Schlafplatz des Kindes herzeigen können und gleichzeitig Feedback, Unterstützung und Ermutigung bekommen.

ÜBERWEISUNGEN

Lassen Sie sich von Ihrem Arzt an eine Schlafklinik überweisen. Manche Kliniken akzeptieren Sie auch ohne Überweisung.

MEDIKAMENTE

Es sind zahlreiche, verschiedene Medikamente auf dem Markt, die das Kind zum Schlafen bringen und es schlafen lassen. Allerdings verschreiben die Ärzte heute immer weniger Medikamente, die noch vor ein oder zwei Generationen weit verbreitet waren.

WARUM MEDIKAMENTE HEUTE SELTENER SIND

- Alle Medikamente haben mögliche Nebenwirkungen, die schwerwiegender sein können als die urspüngliche Schlafstörung.
- Einige Kinder können auf Wirkstoffe des Medikaments allergisch reagieren.
- Die meisten Ärzte verschreiben einem Kind nur für kurze Zeit Medikamente, da die Langzeitwirkung nicht bekannt ist.
- Die medikamentöse Behandlung von Kindern kann gefährlich sein, da Leber und Nieren nicht voll ausgebildet sind und sie das Medikament somit schlechter verarbeiten können als ältere Kinder oder Erwachsene. Das bedeutet, daß manche Medikamente in hohen Dosen im Körper bleiben.
- Schlafrhythmus und Schlafprobleme werden meist durch das Wesen und die Entwicklung des Kindes bestimmt und müssen nicht Zeichen einer Krankheit oder einer körperlichen Störung sein, die mit Medikamenten behandelt werden muß. Das heißt, daß das Kind wieder in den alten Schlafrhythmus fällt, sobald die Medikamente abgesetzt werden. Medikamente können die Bedenken der Eltern nicht ansprechen und das Problem somit nicht lösen.
- Manchmal wirken die Medikamente nicht und beeinflussen das Schlafverhalten des Kindes in keiner Weise.

Manche Ärzte meinen jedoch, daß Medikamente unter gewissen Bedingungen gerechtfertigt sind. Das kann der Fall sein, wenn das Kind so wenig schläft, daß die Eltern am Boden zerstört sind, den normalen Aufgaben von Eltern nicht mehr gewachsen sind und erst recht keine durchwachten Nächte mehr aushalten. Ein Medikament sollte jedoch nur verschrieben werden, wenn die Eltern zusätzlich Hilfe und Unterstützung von einer Schlafklinik oder einem Gesundheitsberater (siehe Seite 82) erhalten.

Achtung!

Verabreichen Sie dem Baby immer nur die verschriebene Dosis mit einem Löffel oder einem Tropffläschchen und geben Sie dem Baby nie ein Mittel ins Fläschchen, damit es schläft!

MEDIKAMENTE BEI SCHLAFSTÖRUNGEN

Besprechen Sie die Schlafprobleme Ihres Kindes mit Ihrem Kinderarzt. Er wird entscheiden, ob er ihm ein Medikament verschreibt. Manche Medikamente bewirken starke Abgeschlagenheit, und es gibt Patienten (auch Kinder), die am Tag nach der Einnahme zu Depressionen neigen. Einige Eltern befürchten auch, daß ihre Kinder durch diese Medikamente „aufgeputscht" werden.

MEDIKAMENTE, DIE DAS WOHLBEFINDEN STEIGERN

Wenn Kinder unter Blähungen (siehe Seite 34) oder Fieber leiden, schlafen sie oft schlecht. Die „Babymedizin", die zur Behandlung von Blähungen und Fieber eingesetzt wird, gilt als sicher, solange sie in der richtigen Dosis verabreicht wird.

Fragen Sie nach Mitteln gegen Blähungen und gegen Fieber, die für das Alter Ihres Kindes geeignet sind. Ein bekanntes Zahnungsmittel sind die Dentinox-Tropfen. Dieses Mittel kann bei Babys gefahrlos eingesetzt werden.

Klären Sie jedoch immer mit einem Arzt oder Apotheker ab, ob und wie lange Sie Ihr Baby damit behandeln können.

KRANIALOSTEOPATHIE

Die Kranialosteopathie ist eine Form der Komplementär- oder Alternativmedizin. Es wird angenommen, daß sie bei Babys und Kindern wirkt, die unglücklich sind, viel weinen oder sich unwohl fühlen oder eine Schlafstörung haben, der keine offensichtliche Ursache oder Krankheit zugrunde liegt.

WAS IST DIE KRANIALOSTEOPATHIE?

Die Kranialosteopathie wird manchmal auch als Kraniosakralosteopathie bezeichnet. Die Praktiker messen den Schädelrhythmus des Babys, indem sie sanft verschiedene Körperteile berühren. Dieser Rhythmus wird durch das Zusammenziehen und Ausdehnen des Körpergewebes bestimmt und hängt nicht mit anderen Körperrhythmen wie dem Atem oder dem Herzschlag zusammen.

Die Kranialosteopathie wird bei Menschen jedes Alters angewendet, doch scheint sie besonders gut bei Babys nach den Anstrengungen und dem Streß der Geburt zu wirken. Diese Methode ermöglicht es dem Baby, sich ohne invasive Techniken von der Geburt zu erholen.

DIE GEBURT MACHT DEN UNTERSCHIED

Osteopathen meinen, daß die Geburt für das Baby schwierig sein kann. In den meisten Fällen sind alle Knochen eines Babys, so auch die Schädelknochen, weich genug, um die Strapazen der Geburt zu überstehen. Tatsächlich können sich die Schädelknochen übereinanderschieben, damit der Kopf durch den Geburtskanal gleiten kann. Das nennt man „Deformierung". Manchmal kommt es jedoch trotz dieser Vorkehrungen der Natur bei der Geburt zu gewissen Traumen. Dazu zählen:

- Eine schwierige erste Phase, in der der Kopf des Babys nach unten gleitet, bevor der Gebärmutterhals völlig geöffnet ist. Dadurch kann der weiche, bewegliche Kopf des Babys auf den Gebärmutterhals drücken und so dem Baby Streß verursachen.

- Eine rasche zweite Phase, in der sich der Kopf des Babys nicht richtig formen kann.

- Eine langsame zweite Phase, in der Körper und Kopf länger als üblich gedrückt werden.

- Durch die Verwendung einer Geburtszange oder einer Saugglocke kann der Kopf zusammengedrückt (bei der Geburtszange) oder der Schädel gedehnt werden (bei der Saugglocke).

- Auch bei einem Kaiserschnitt können einige dieser Probleme auftreten. Zusätzlich kann es passieren, daß sich der Kopf des Babys durch die rasche Geburt nicht richtig formen kann.

WAS KANN PASSIEREN?

Die Osteopathen sagen, daß sich das Baby aufgrund dieser Probleme unwohl fühlen oder Schmerzen haben kann, daß es unter Streß leiden kann, der sich als Blähungen oder ständiges Weinen ausdrücken kann, oder daß es sich schwer entspannen kann und beruhigen läßt.

WAS MACHEN DIE OSTEOPATHEN?

Durch Berührungen versuchen die Osteopathen dem Problem auf den Grund zu gehen und es zu beheben. Diese Behandlung schmerzt nicht, und die meisten Eltern, die ihr Kind dieser Behandlung unterzogen haben, meinen, daß sich das Kind beruhigt und entspannt. Die Behandlung ist nicht invasiv und „verändert“ nichts.

WIE WEISS ICH, OB SIE HILFT?

Die Kranialosteopathie kann kaum schaden, da sie nicht invasiv oder schmerzvoll ist. Allerdings gibt es keine aussagekräftigen Studien über die Wirksamkeit der Behandlung bei Babys. Dennoch war die Kranialosteopathie in vielen Fällen bereits nach wenigen Behandlungen erfolgreich (meist werden ein halbes Dutzend Behandlungen gemacht), und in einigen Fällen war eine drastische Besserung zu merken.

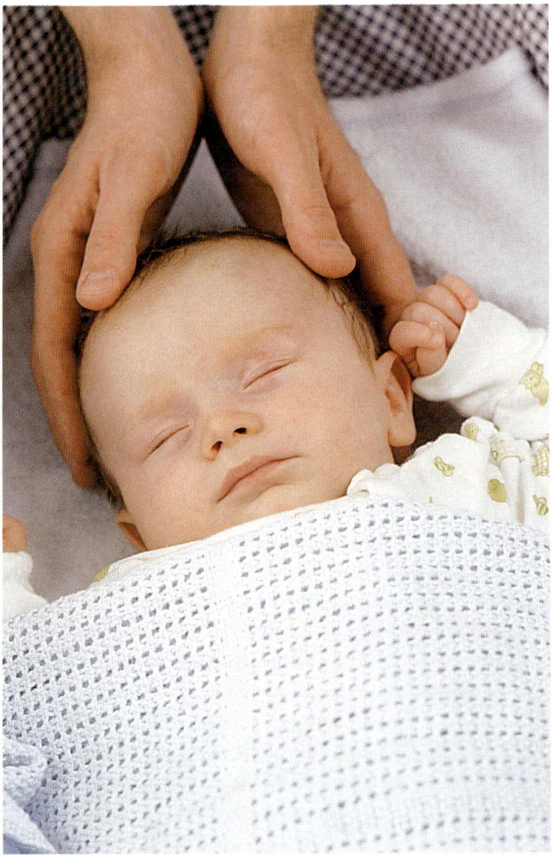

WAHL EINES OSTEOPATHEN

Kontrollieren Sie, ob der Osteopath Mitglied seiner Berufsorganisation ist, und bitten Sie ihn, mit ein oder zwei früheren Patienten sprechen zu dürfen, wenn dies möglich ist.

ANDERE TECHNIKEN

Angefangen von der Massage bis hin zu Kräuterheilmitteln können die verschiedensten Methoden den Schlafrhythmus Ihres Kindes positiv beeinflussen. Allerdings sollten Sie immer professionelle Hilfe suchen und Ihr Kind nie selbst behandeln.

BABYMASSAGE

Die Babymassage ist in der ganzen Welt bekannt und wird im Westen immer beliebter. Es sind sogar Videos über dieses Thema erhältlich, und Sie können die Babymassage in Kursen erlernen.

Die Heilkraft der Berührung wurde in Studien über frühgeborene und kranke Babys bewiesen, die sich schneller erholten, wenn sie regelmäßig massiert wurden. Eine Massage kann auch Blähungen oder Verdauungsstörungen lindern, und viele Eltern erfahren durch die Massage, was Babys wollen und was ihnen fehlt. Sie fühlen sich so ihren Aufgaben als Eltern besser gewachsen.

WIE FUNKTIONIERT DIE MASSAGE?

Verwenden Sie ein mildes Pflanzenöl, das auf die Haut aufgetragen werden kann. Sie können ein oder zwei Tropfen ätherisches Öl wie etwa Lavendel pro 100 ml Trägeröl verwenden.

Massieren Sie das Baby, wenn es ruhig und wach ist. Mit der Zeit können Sie die Massage auch zur Beruhigung des Kindes einsetzen.

Massieren Sie mit langen, sanften Bewegungen zum Herzen hin. Sie können auch eigene Bewegungen erfinden, die dem Baby gefallen und es entspannen.

5

BACHBLÜTEN

Diese Tropfen bestehen aus Pflanzen- und Blütenextrakten und werden homöopathisch in ganz niedriger Konzentration hergestellt. Da die 38 Heilmittel spezielle Eigenschaften haben, um unter verschiedenen Bedingungen das seelische Gleichgewicht wiederherzustellen, werden sie meist bei seelischen Problemen verwendet.

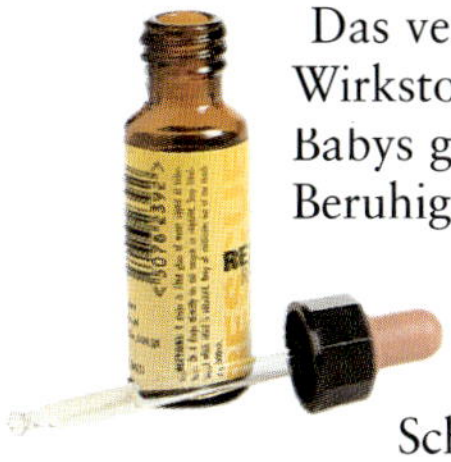

Das verbreitetste Präparat sind die Notfalltropfen, die fünf Wirkstoffe enthalten. Sie sind wie alle Bachblüten auch für Babys geeignet. Die unverdünnten Notfalltropfen werden zur Beruhigung eingesetzt, doch da sie Alkohol (zur Konservierung) enthalten, lösen Erwachsene meist vier Tropfen in einem Glas Wasser auf oder geben sie unter die Zunge. Bei Babys ist es einfacher, die Tropfen auf die Schläfen, Handgelenke oder hinter die Ohren zu geben.

HOMÖOPATHIE

Viele homöopathische Heilmittel werden aus Pflanzen oder Mineralien gewonnen und zur Behandlung von Krankheiten eingesetzt. In der Homöopathie wird der Wirkstoff potentiert, also stärker gemacht, indem man ihn vielfach *verdünnt*. Meist dauert eine Sitzung bei einem Homöopathen lange, da er viele Fragen stellt und viel erklärt. Er verschreibt das Heilmittel nicht nur auf Basis der Symptome, die Sie ihm beschreiben, sondern auch aufgrund anderer Beobachtungen wie Ihrem seelischen und psychischen Zustand. Er kann etwa fragen, wie das Kind geboren wurde, wann es unruhiger ist oder wenig schläft, und welche Krankheiten es hatte.

KRÄUTERHEILKUNDE

Ein beruhigendes, entspannendes Kräuterbad kann an Abenden helfen, an denen das Kind nicht einschlafen will. Fertige Kräuterzubereitungen erhalten Sie in Reformhäusern und Apotheken. Sie können aber auch frische Kräuter aufkochen. Schlaffördernde Wirkung haben:

- Kamille
- Echte Katzenminze
- Schlüsselblume
- Hopfen
- Lavendel

Finden Sie keine Zubereitungen, können Sie einfach ein Säckchen mit Kräutertee in das Badewasser hängen. Kamillentee ist leicht erhältlich. Vier bis sechs Monate alten Babys kann man verdünnten Kräutersaft mit dem Löffel, in einem Fläschchen oder Becher verabreichen.

BERATUNG

Die ersten Wochen, Monate und Jahre können für die Eltern eine schwere Zeit sein, da laut einigen Familienberatern und Therapeuten diese Zeit verborgenen Streß und ungelöste Probleme zum Vorschein bringen kann. Auslöser für die Probleme kann ein schreiendes Baby oder ein quengelndes Kleinkind sein, das nicht schlafen möchte. Ursache können Verhaltensstörungen sein, die nicht mit dem Schlaf in Zusammenhang stehen.

WARUM WEINT MEIN BABY SO VIEL?

Einige Therapeuten, die Familien mit weinenden oder schlafgestörten Kindern behandeln, untersuchen die Struktur der Familie, ihre Vergangenheit und auch die Beziehung der Eltern.

So nimmt man an, daß die Atmosphäre in der Familie einen großen Einfluß darauf hat, wieviel ein Baby weint. Beobachten Sie sich selbst: Akzeptieren Sie Ihre neue Rolle? Fühlen Sie sich entspannt und glücklich? Ist das Verhältnis zu Ihrem Partner ein harmonisches? Denn oft kommen in dieser Phase ungelöste Probleme zum Vorschein. Übertragen Sie vielleicht Ihre eigene Unruhe auf Ihr Kind, so daß es weint und schwer zu trösten ist? Über diese Punkte sollten Sie sich klar werden, um an Selbstsicherheit zu gewinnen und Ihre Mutterrolle genießen und mit größerem Vertrauen wahrnehmen zu können. Auch Ihr Baby wird sich dann sicherer fühlen, weniger weinen und leichter einschlafen.

Eltern, die es schmerzlich und unerträglich finden, ihr Kind weinen zu hören, sollten wissen, daß sie nicht versagen, wenn sie ihr Baby manchmal nicht beruhigen können. Sie werden so geduldiger und entspannter, lassen das Baby auf der Brust einschlafen und geben ihm mehr Nähe und Körperkontakt, anstatt angespannt und nervös zu sein und nur darauf zu warten, daß das Kind einschläft, es ständig herauszunehmen und wieder in sein Bettchen zu legen, wenn es unruhig wird.

ZUHÖREN UND VERSTEHEN

Diese Art der Therapie kann den Eltern helfen, ihre Babys besser zu verstehen und so genauer zu wissen, was ihrem Kind fehlt. Sie lernen, auf Hinweise zu achten und ihrer Intuition zu folgen. Auch wenn sie sich manchmal irren, gewinnen sie dadurch doch an Erfahrung und Selbstvertrauen.

Bei einer Beratung geht es vor allem darum, daß jemand Ihnen zuhört, ohne Sie zu beurteilen, und Ihnen hilft, eigene Lösungen zu finden, indem Sie die Situation besser verstehen. Die Beratung muß nicht lange dauern. Manchmal reichen vier bis sechs Sitzungen aus. Mit jeder Sitzung gelingt es der Familie besser, eigene Strategien zu entwickeln, mit dem Problem zurechtzukommen, und oft verschwindet damit auch das Problem. Auch wenn dies nicht der Fall ist, wird es doch erträglicher, da es das Familienleben nicht mehr dominiert.

Bitten Sie Ihren Arzt um eine Überweisung zu einem Familienberater. Auch manche Kindertherapeuten arbeiten mit Babys und Kleinkindern – gemeinsam mit ihren Eltern.

HILFE VON ANDEREN

Glauben Sie nicht, daß Sie mit einem Baby oder Kleinkind kämpfen müssen, das weniger Schlaf benötigt als Sie oder nur schwer zu beruhigen ist. Suchen Sie Hilfe und Unterstützung bei Familienangehörigen und Freunden und organisieren Sie die notwendigsten Dinge! Die meisten Menschen werden auf Ihre Probleme eingehen.

HILFE IN JEDEM ALTER

- Anfangs muß ein Baby häufig gestillt werden, damit es glücklich ist. Und es benötigt vielleicht nur Ihre Nähe, wenn es das Nuckeln nicht zufrieden macht. Konzentrieren Sie sich nur darauf – alle anderen Aufgaben können warten oder von jemand anderem erledigt werden. Überlegen Sie, welche Aufgaben im Haushalt besonders dringend sind, wenn sie glauben, daß etwas nicht warten kann.

- Halten Sie immer saubere, trockene Wäsche und frische Windeln auf Vorrat. Es kann Ihnen großen Streß bereiten, wenn Sie keine saubere Kleidung mehr haben und die allerletzte Windel voll ist.

- Versuchen Sie, gemeinsam mit Ihrem Kind ein Nickerchen zu machen, oder lagern Sie zumindest die Beine hoch.

- Schlafen Sie mit dem Baby (siehe Seite 50).

- Nehmen Sie jede Hilfe an, die Sie bekommen (außer natürlich beim Stillen).

- Gönnen Sie sich von Zeit zu Zeit eine Pause und nehmen Sie regelmäßig einen Babysitter. Schon eine Stunde am Tag oder ein paar Stunden in der Woche helfen Ihnen auszuruhen und abzuschalten!

FREIE NÄCHTE

Sie können ein Baby, das Sie stillen, nicht über Nacht bei jemand anderem lassen, doch schlafen Kleinkinder (auch wenn sie abends noch gestillt werden) manchmal gerne bei einem Erwachsenen, den sie lieben und dem sie vertrauen. Und das kann vor allem dann ein Luxus sein, wenn Ihre Nächte sonst gestört sind. Das Kind muß nur wissen, was geschieht und damit glücklich sein.

Sind Sie unsicher, sollten Sie das Kind in der ersten Nacht, die es auswärts verbringt, abholen können, wenn es aufwacht und nach Ihnen verlangt. Oder Sie können jemanden in Ihrer Wohnung bei dem Kind lassen, während Sie weg sind, damit das Kind nicht aus seiner vertrauten Umgebung gerissen wird.

Der Babysitter muß auf alle Fälle wissen, daß das Kind in der Nacht aufwachen kann. Wenn Sie das Kind zu sich ins Bett holen, wenn es aufwacht, sollte dies auch der Babysitter machen, oder zumindest wissen, was passieren könnte.

HILFSANGEBOTE

Wenn jemand fragt, ob er/sie etwas tun können, lehnen Sie nicht ab!

- Bitten Sie hilfreiche Geister, einen Eintopf zu machen und Ihnen zu bringen.
- Bitten Sie Ihren Besuch, Tee oder Kaffee zu machen. Eltern mit einem lebhaften Kind haben oft keine Zeit für diese Kleinigkeiten.
- Schicken Sie jemand anderen einkaufen.
- Lassen Sie sich den Berg Wäsche bügeln.
- Bitten Sie um Hilfe beim Saugen.
- Lassen Sie sich helfen, die Babywäsche zu zusammenzulegen und wegzuräumen.

CHECKLISTE: HILFE

Versuchen Sie nicht, alles selbst zu machen: Freunde, Familienangehörige und Therapeuten sind da, um Ihnen zu helfen. Vielleicht benötigen Sie zusätzliche Hilfe, wenn:

- Sie glauben (wenn auch nicht aussprechen), daß Sie schlechte Eltern sind, weil das Kind nicht schlafen will,
- Sie die Kritik anderer Menschen bedrückt,
- Sie meinen, alles versucht zu haben, doch nichts funktioniert,
- Sie denken, daß Ihr Kind ganz andere Schlafgewohnheiten hat als andere Kinder seines Alters,
- Sie meinen, daß das Schlafproblem Ihre Beziehung zu dem Kind in anderen Bereichen negativ beeinflußt.

BESONDERE UMSTÄNDE

Nicht jede Familie und jeder Umstand lassen sich in eine einfache Kategorie einordnen. In diesem Kapitel beschäftigen wir uns mit besonderen Lebensumständen, die einer speziellen Behandlung bedürfen.

Die Situation kann vom ersten Tag an anders sein – Zwillinge sind etwa von Anfang an eine Herausforderung. Andere Probleme entstehen mit der Zeit und Sie wissen erst nach längerem, was los ist. Das kann zum Beispiel der Fall sein, wenn das Kind unter einer Entwicklungsstörung oder körperlichen Behinderung leidet, deren Ausmaß erst später zum Tragen kommt. Vielleicht benötigen Sie spezielle Unterstützung, um mit Verhaltens- oder Entwicklungsstörungen zurecht zu kommen, die sich auch auf das Schlaf- und Ruheverhalten Ihres Kindes auswirken.

ZWILLINGE, DRILLINGE ...

Zwillinge, Drillinge und Mehrlinge stellen die Eltern vor allem in den ersten Wochen und Monaten vor besondere Herausforderungen.

WARUM MEHRLINGE ANDERS SIND

- Die Gefahr ist größer, daß sie zu früh geboren werden oder in den ersten Tagen spezielle Pflege benötigen.
- Die Babys können erst kleiner sein und mehr schlafen, so daß sie zum Füttern vielleicht aufgeweckt werden müssen.
- Es kann länger dauern, bis die Kinder richtig saugen lernen und das Stillen unkompliziert und entspannend wird.
- Ein Baby kann weinen und Ihre Aufmerksamkeit beanspruchen, während das andere aufwacht und Sie ebenfalls benötigt.

Die Meinungen sind geteilt, ob Sie versuchen sollten, beide Babys von Anfang an miteinander oder hintereinander zu beruhigen und zu stillen. Eltern von Zwillingen meinen, daß nie beide Systeme gleich gut funktionieren und manchmal variiert werden müssen.

Es kann sich als günstig erweisen, das schlafende Baby aufzuwecken und zu füttern, wenn das andere bereits wach ist, da Sie dadurch mehr Ordnung in den Tag bekommen und (ein wenig) mehr Zeit haben. Dieses System kann vor allem in der Nacht helfen. Besonders nach den ersten Wochen, wenn Babys leichter aufwachen, kann ein weinendes Baby seinen Zwilling aufwecken.

WENN ZWILLINGE NICHT SCHLAFEN

Alle Methoden für besseres Einschlafen, die in diesem Buch besprochen wurden, können auch auf Mehrlinge angewendet werden. In diesem Fall hilft es besonders, bereits möglichst früh einen Schlafrhythmus festzulegen. Natürlich dauert es länger, bis am Abend zwei Babys gemeinsam gefüttert und gebadet sind und im Bett liegen, doch ist es noch zeitaufwendiger, sie nacheinander zu versorgen.

SOLLTEN DIE ZWILLINGE IN EINEM ZIMMER SCHLAFEN?

Das liegt bei Ihnen. Einige Zwillinge fühlen sich wohler und geborgener, wenn sie zusammen sind und sie vermissen einander, wenn sie in der Nacht getrennt sind. Manche Eltern meinen, daß sie die Zwillinge am Abend und in der Früh miteinander sprechen hören. Glauben Sie aber, daß die Zwillinge einander stören, sollten Sie sie in zwei Räume geben, wenn dies möglich ist.

Natürlich können Sie die Zwillinge auch im Familienbett schlafen lassen (siehe Seite 50), doch benötigen Sie in diesem Fall ein großes und bequemes Bett, das vier Menschen Platz bietet.

6

BESONDERE BEDÜRFNISSE

Leidet Ihr Kind unter einer körperlichen oder geistigen Behinderung oder einer Verhaltensstörung, haben Sie eine besondere Herausforderung zu bewältigen. In diesem Fall werden Sie bereits mit Experten in Kontakt stehen, die Ihnen Hilfe und Unterstützung bieten.

Vielleicht benötigen Sie zusätzliche Unterstützung bei der Bewältigung von Schlafproblemen. Wenn Ihr Kind krank war, Schmerzen hatte oder Streß, wie etwa einen Krankenhausaufenthalt, verkraften mußte, hat es vielleicht Schwierigkeiten, sich zu beruhigen und einzuschlafen. Vielleicht wacht es auf, da es Schmerzen hat, unruhig ist oder Angst hat.

In diesem Fall kann es schwierig sein, das Schlaf- und Ruheverhalten zu ändern, da Sie sich schuldig fühlen, weil Sie dem Kind zusätzlichen Streß verursachen, indem Sie sein Verhalten ändern.

Vielleicht können Sie nur schwer mit dem Kind kommunizieren und fühlen sich unwohl, wenn Sie das Kind zu etwas zwingen, das es ganz offensichtlich nicht will. Sie werden dem Kind nur ungern sein Bedürfnis nach Sicherheit, Nahrung, Zuneigung, Nähe oder Spiel abschlagen, auch wenn Sie wissen, daß Sie selbst etwas Ruhe verdienen.

Schlafkliniken arbeiten mit Kindern mit besonderen Bedürfnissen und setzen häufig dieselben Methoden ein, die in diesem Buch beschrieben werden: Konsequenz, Herbeiführen einer Veränderung und Festlegen eines Schlafrituals für die Abende und die Nacht.

PROFESSIONELLE HILFE

Sprechen Sie mit den Ärzten und Pflegern, mit denen Sie in Kontakt sind, bitten Sie sie um eine Überweisung in eine Schlafklinik oder suchen Sie selbst in einer Klinik Rat (siehe Seite 83). Sie werden mehr Unterstützung als andere Eltern benötigen, um das Schlafverhalten Ihres Kindes zu ändern, und Sie brauchen vielleicht zusätzliche Hilfe und Informationen, um das Programm so zu gestalten, daß es das Kind versteht und darauf reagiert.

Moderne Ärzte und Berater legen heute großen Wert auf diese seelische Unterstützung. Doch auch die Medizin kann Ihnen nur den richtigen Weg weisen, mit der Erfahrung eines Kindes mit besonderen Bedürfnissen fertig zu werden. Häufig können Eltern, die in einer ähnlichen Situation waren, Ihnen den besten Rat zur Bewältigung Ihrer alltäglichen Probleme geben, da sie Verständnis und Ideen haben.

Kontaktieren Sie eine Selbsthilfegruppe oder Eltern mit Kindern in einer ähnlichen Situation.

FRAGEN AN DIE ÄRZTE UND BERATER

- Können die Medikamente, die mein Kind wegen seiner Krankheit oder Behinderung bekommt, an den Verhaltens- oder Schlafstörungen sowie seinen Problemen, sich zu beruhigen, schuld sein?
- Stehen die Schlafprobleme meines Kindes in direktem Zusammenhang mit seinen besonderen Bedürfnissen?
- Hat mein Kind Schmerzen, wenn es in der Nacht aufwacht?
- Kann mein Kind lernen, allein wieder einzuschlafen?
- Ist es nur eine Frage der Zeit, oder kann ich den Prozeß beschleunigen, indem ich ein „Schlafprogramm" einsetze?

6

BETTNÄSSEN

Mit zwei bis drei Jahren brauchen die meisten Kinder in der Nacht keine Windel mehr. Doch etwa 20 Prozent der Kinder machen mit vier Jahren noch immer ins Bett. Davon sind Jungen zu einem größeren Prozentsatz betroffen als Mädchen. Und mit fünf Jahren passiert das noch etwa 17 Prozent der Jungen und 13 Prozent der Mädchen.

Höchstwahrscheinlich ist für dieses Problem einfach mangelnde Reife verantwortlich. Bettnässen geschieht unbewußt. Es hat auch nichts damit zu tun, wie fest das Kind schläft, da man auch aus dem tiefsten Schlaf mit dem Drang, Wasser zu lassen, erwachen kann. Man muß aber verstehen, daß Bettnässer weder schlimm noch unkooperativ sind.

WANN BESTEHT GRUND ZUR SORGE?

Nur sehr wenige Kinder haben körperliche oder seelische Probleme, die sie zu Bettnässern werden lassen. Allerdings sollte diese Möglichkeit in Betracht gezogen werden, wenn das Kind auch tagsüber noch Windeln benötigt.

Liegt dem Bettnässen keine echte Ursache zugrunde, raten die meisten Ärzte zu warten, bis das Kind sieben oder acht Jahre alt ist, da eine Behandlung mit einem „Alarm" (siehe Seite 101) Eltern und Kind viel Motivation und Kooperation abverlangt. Die meisten Kinder stört das Bettnässen erst ab sieben Jahren so sehr, daß sie etwas dagegen unternehmen möchten.

BEEINTRÄCHTIGT ES DIE NACHTRUHE?

Einige Kinder können in einem nassen Bett nur schwer wieder einschlafen, doch werden Kinder, die in der Nacht öfters aufwachen, weniger ins Bett machen als Kinder, die durchschlafen.

VERWENDUNG EINES ALARMS

Bettnässeralarme beginnen zu summen, sobald der Urin auf ein Pad gelangt, in das ein Urin-Sensor eingebaut ist. Damit soll das Kind offenbar lernen, bewußter auf seine körperlichen Bedürfnisse zu reagieren. Das Pad wird etwa auf das Bett gelegt oder in die Unterhose gesteckt. Der Alarm kann unter das Kissen gelegt oder am Pyjama befestigt werden. Die meisten Kinder werden mit diesem Alarm in wenigen Wochen trocken.

HILFE FÜR BETTNÄSSER

■ Lassen Sie das Kind am Abend soviel trinken, wie es braucht, um seinen Durst zu stillen. Studien zeigen, daß die Chancen auf eine trockene Nacht nicht steigen, wenn das Kind nichts trinkt, aber andererseits die Gefahr besteht, daß das Kind durstig schlafen gehen muß.

■ Setzen Sie das Kind nicht dann auf die Toilette, wenn Sie schlafen gehen. Damit lernt es nur, im Schlaf zu urinieren, was das Problem verstärkt. Außerdem ist die Blase um diese Zeit kaum voll und das Kind lernt nicht das Gefühl kennen, die Blase leeren zu *müssen*.

■ Belohnen oder bestechen Sie das Kind nicht. Es ist dann höchstens enttäuscht oder traurig, wenn es sein Ziel nicht erreicht. Eine Sternchentabelle oder ein Punktesystem können jedoch helfen. Geben Sie dem Kind Sternchen oder Punkte, wenn es durch den Alarm aufwacht, selbst auf die Toilette geht und nur noch wenig oder überhaupt nicht mehr ins Bett macht.

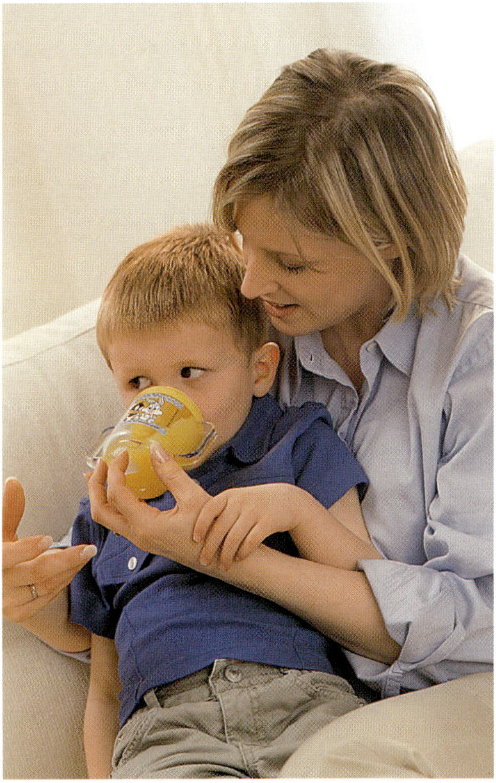

HYPERAKTIVITÄT

Ein Kind, das schwer zu beruhigen ist, oft aufwacht oder in der Nacht besondere Zuwendung benötigt, leidet nicht unbedingt unter Hyperaktivität oder dem Aufmerksamkeitsdefizitsyndrom (ADS), wie die Erkrankung in der Fachsprache heißt.

Die Hyperaktivität ist eine Verbindung von verschiedenen Verhaltensmustern. Sie kann diagnostiziert werden, wenn das Kind sehr unruhig, impulsiv und störrisch ist und die gesellschaftlichen „Regeln" nicht versteht, die die meisten Kleinkinder akzeptieren und annehmen. Das Kind kann auch tagsüber viel Aufmerksamkeit fordern.

Heute ist ADS bei weitem nicht vollständig erforscht, und die Meinungen über die Ursachen und die Art der Behandlung gehen weit auseinander. So verschreiben einige Experten in vielen Fällen Medikamente, während andere Medikamente nur als den letzen Ausweg sehen und sich statt dessen auf die Lösung von Verhaltens- und Beziehungsproblemen konzentrieren. Wieder andere vermuten Allergien oder Reaktionen auf verschiedene Nahrungsmittel als Ursache der ADS.

HYPERAKTIVITÄT UND SCHLAF

Wurde bei Ihrem Kind ADS diagnostiziert, ist es wahrscheinlich nur schwer zu beruhigen und leidet unter einer Schlafstörung. Diese Probleme sind bei Hyperaktivität weit verbreitet, aber nicht unvermeidlich. Sogar einige Kinder mit einer schweren Form von ADS schlafen tief und gut. Es ist jedoch verständlich, daß die Eltern eines hyeraktiven Kindes meinen, daß die Schlafprobleme nur ein Teil des Syndroms sind und daß man dagegen nichts unternehmen kann. Allerdings kann das Schlafverhalten eines hyperaktiven Kindes ebenso verändert und beeinflußt werden wie das jedes anderen Kindes.

MEDIKAMENTE

Wird das hyperaktive Kind mit Medikamenten behandelt, fragen Sie den Arzt, ob Schlafstörungen zu den möglichen Nebenwirkungen gehören können. Manchmal wird den Kindern ein Aufputschmittel verabreicht, da man annimmt, daß diese Medikamente die Verarbeitung der Stimulantien im Gehirn verbessert und so die Konzentrationsphasen erhöht. Allerdings verursachen diese Medikamente häufig Probleme mit dem Einschlafen.

STRATEGIEN BEI HYPERAKTIVITÄT

Vielleicht müssen Sie Ihr Verhalten an das Kind anpassen:

- Ein hyperaktives Kind kann Probleme haben, sich an Anweisungen zu erinnern. Man muß ihm ruhig wiederholen, was von ihm verlangt wird.

- Es kann eine langsame Besserung eintreten. Das Kind benötigt viel Lob und Aufmerksamkeit, wenn es Fortschritte macht (etwa wenn es nicht mehr aus seinem Schlafzimmer kommt, nachdem es schon ins Bettchen gebracht worden ist).

- Jede Strategie, mit der eine Veränderung herbeigeführt werden soll, muß in sehr kleinen Schritten umgesetzt werden.

- Ist das Kind sehr störrisch und aggressiv, wenn es schlafen gehen soll, müssen Sie besonders ruhig bleiben. Das Kind braucht in dieser Situation alles andere als einen aufregenden Streit mit seinen Eltern.

- Einige hyperaktive Kinder fühlen sich unwohl und sind angespannt. Dies allein kann bereits zu Schlafstörungen wie etwa Alpträumen führen, und das Kind kann sich vor dem Einschlafen fürchten. Vermuten Sie, daß das Kind unglücklich ist, und schaffen Sie es nicht, es zu beruhigen, suchen Sie Rat bei einem Experten, der das Kind kennt, damit es nicht noch unglücklicher wird.

IN FREMDER UMGEBUNG

Bei Babys und Kleinkindern kann sich der Schlafrhythmus verändern, wenn sie aus ihrer vertrauten Umgebung gerissen werden.

WANN PASSIERT DAS?

- Nach einem Urlaub. Vielleicht waren Sie in einer anderen Zeitzone, in der sich das Kind schon einmal umstellen mußte und nun unter „Jet-lag" leidet. Sogar ein Ort, an dem der Zeitunterschied nur eine Stunde beträgt, kann eine Veränderung bedeuten. In einer heißeren Region kann die ganze Familie zu Mittag ein Schläfchen machen und abends später als zu Hause ins Bett gehen.

- Nach einer Zeit in fremder Obhut und vielleicht in einer anderen Wohnung. Einige Babys und Kleinkinder reagieren auch auf die kleinsten Veränderungen sehr empfindlich und zeigen ihre Verwirrung, indem sie wach bleiben oder sich nur schwer beruhigen.
- Nach einem Krankenhausaufenthalt, der für ein kleines Kind ein einschneidendes Erlebnis sein kann, da es nicht versteht, warum es Schmerzen hat und von lauter fremden Menschen umgeben ist. Man weiß seit vielen Jahren, daß ein Krankenhausaufenthalt mit oder ohne Operation ein Trauma auslösen kann. Deshalb dürfen die Eltern heute in den meisten Krankenhäusern zu jeder Zeit zu ihrem kranken Kind und werden häufig sogar ermutigt, Tag und Nacht zu bleiben, wenn dies möglich ist, um ihr Kind zu unterstützen.

WAS KÖNNEN SIE TUN

Gehen Sie nicht davon aus, daß Änderungen und Probleme bestehen bleiben.

Es ist nicht ungewöhnlich, daß Eltern ein Schlafproblem viele Monate lang bis zu einer Veränderung im Leben des Kindes zurückverfolgen können, aber es muß nicht so sein. Machte das Kind etwa durch einen Krankenhausaufenthalt oder eine Krankheit eine schlechte Erfahrung oder mußte es eine Zeitlang bei anderen Personen verbringen, ist es verständlich, daß es Ihnen leid tut und Sie die unterbrochene Nachtruhe als Teil der Veränderung akzeptieren. Dennoch muß das Kind wissen, daß alles wieder seinen gewohnten Gang geht und sein Leben stabil und ruhig verläuft. Und Sie können ihm helfen, indem Sie sein Schlafverhalten normalisieren. So können Sie es machen:

- Beginnen Sie ein Schlafritual (siehe Seite 72), das die Schlafenszeit auf die von Ihnen bestimmte Uhrzeit lenkt. Wenn das Kind eine Zeitlang um zehn oder elf schlafen ging, können Sie die Bettzeit in Schritten von 15 bis 30 Minuten vorverlegen.

- Akzeptieren Sie, daß ein Aufwachen in der Nacht ein Zeichen für Unruhe oder sogar Angst nach einer Krankheit ist. Sind Sie ruhig und ausgeglichen und zeigen Sie durch Ihr Verhalten, daß Sie Vertrauen in Ihr Kind haben und daß es sich nicht fürchten muß, wird es diese Haltung übernehmen. Probieren Sie die Techniken aus, die auf Seite 74 beschrieben sind.

LANGSTRECKENFLÜGE

Für ein Kind kann ein Langstreckenflug anstrengend sein. Geben Sie ihm viel zu trinken, damit es nicht zu einer Dehydrierung kommt. Meist sind Kinder deswegen quengelig und unruhig, und nicht wegen des Schlafmangels. Ermutigen Sie das Kind, lange und tief zu schlafen, und sorgen Sie sich später um den Rhythmuswechsel.

STILLEN

Es ist normal und natürlich, daß Kinder lange Zeit gestillt werden. Die Muttermilch ist auch nach einer langen Stillzeit noch immer sehr nahrhaft, und in anderen Kulturen ist es ganz natürlich, daß die Kinder einige Jahre gestillt werden.

In nichtindustriellen Gesellschaften ist es normal, daß die Babys bei ihrer Mutter schlafen und in der Nacht mehrmals trinken. Die Mutter wird dadurch kaum gestört. Häufig werden die Kinder einige Jahre lang Tag und Nacht gestillt, auch wenn sie weniger trinken, sobald sie mehr feste Nahrung zu sich nehmen.

Tatsächlich ist es üblich, daß die Kinder in diesen Gesellschaften drei bis vier Jahre lang Muttermilch bekommen und erst danach langsam abgestillt werden.

Die westliche Auffassung, daß diese Art des Stillens „übertrieben" oder „lange" ist, ist historisch gesehen relativ neu.

WARUM ÄNDERTEN WIR UNS?

Die Dinge änderten sich im Westen, als die Mütter begannen, außer Haus zu arbeiten, und als es einfacher wurde, den Kindern das Fläschchen zu geben. Mütter haben immer gearbeitet, doch gingen sie bis zu Beginn der Industriellen Revolution ihrer Tätigkeit mit den Kindern nach, wie das in nichtindustriellen Gesellschaften noch heute der Fall ist.

STILLEN UND AUFWACHEN IN DER NACHT

Babys, Kleinkinder und kleine Kinder, die es gewöhnt sind, auf traditionelle Weise in der Nacht an der Brust zu saugen, wachen wahrscheinlich mehrmals auf und beruhigen sich durch das Nuckeln von selbst wieder. Einige Eltern akzeptieren dies (siehe Das Familienbett, Seite 50) und stellen sich darauf ein. Andere versuchen, dies zu vermeiden, und stillen das Kind ab, wenn es länger an der Brust trinkt, als sie das wollen.

Es gibt hier keine richtige oder falsche Methode. Sprechen Sie mit Ihrem Partner über Ihre Gefühle oder mit anderen Müttern, die länger als wenige Monate gestillt haben, und entscheiden Sie dann selbst.

Einige Mütter stillen das Kind ab, wenn sie sich durch die nächtlichen Unterbrechungen gestört fühlen, auch wenn es offensichtlich noch Freude am Nuckeln hat.

Das sollten Sie bedenken:

- Ein abgestilltes Kind schläft nicht automatisch besser, und Sie müssen ihm vielleicht trotzdem beibringen, allein wieder einzuschlafen (siehe Seite 41).

- Stillen Sie das Kind langsam ab. Stillen Sie es vielleicht erst nur tagsüber nicht mehr. Oder stillen Sie es nur noch zu Hause.

- Einem älteren Kleinkind können Sie erklären, was passiert und ein Getränk neben sein Bettchen stellen.

- Wenn Sie sich entschließen, in der Nacht nicht mehr zu stillen, müssen Sie konsequent bleiben. Es ist für ein Kind verwirrend, wenn es manchmal gestillt wird und dann wieder nicht. Zudem können Sie damit erreichen, daß es glaubt, sich durchsetzen zu können, wenn es nur genug Wirbel macht.

- Fällt es Ihnen zu schwer, konsequent zu bleiben, lassen Sie ein oder zwei Monate verstreichen, bevor Sie einen neuen Anlauf starten.

EINE ENGE BEZIEHUNG

Manchmal kann es aufgrund der Beziehung zu dem Kind sehr schwierig sein, ein Schlafproblem zu vermeiden oder zu lösen. Deshalb behandeln einige Therapeuten die Gefühle und die Beziehung der Eltern zu ihrem Kind, wenn ein Schlafproblem auftritt, bei dem die Eltern sich überfordert fühlen (siehe Seite 90).

Wenn Sie häufig keinen Draht zu Ihrem Kind finden und oft mit ihm zu streiten oder zu kämpfen beginnen, kann eine Schlafstörung die Beziehung noch komplizierter machen, und Sie werden noch verzweifelter.

Es ist schwierig genug, sich auf eine Kraftprobe einzulassen, wenn das Kleinkind sich weigert, den Mantel anzuziehen, im Kinderwagen zu bleiben oder sein Mittagessen zu essen. Aber zumindest sind Sie dann ausgeruht. In der Nacht oder am Abend werden Sie aber müde sein und eine Pause oder Ihren Schlaf brauchen. Dann sind Sie noch weniger in der Lage, das Problem ruhig und erwachsen zu lösen.

PRÜFEN SIE IHR VERHÄLTNIS ZU DEM KIND

- Sagen Sie öfter „nein“ als irgendein anderes Wort?
- Glauben Sie, daß Ihr Kind Sie manchmal absichtlich ärgert, nur um eine Reaktion zu bekommen?
- Passiert es *regelmäßig*, daß Sie Ihr Kind zwingen wollen, mehr zu essen oder etwas zu essen, das es nicht mag?
- Glauben Sie, sich für Ihr Kind schämen oder entschuldigen zu müssen, wenn Sie ausgehen oder auf Besuch sind?
- Glauben Sie, daß andere Menschen Ihre Erziehungsmethoden kritisieren?
- Müssen Sie regelmäßig sehr böse werden, bevor Ihnen Ihr Kind folgt?
- Meinen Sie, häufig drohen zu müssen? Etwa: „Mach das noch einmal, und/es gibt keine Süßigkeiten mehr/du darfst nicht fernsehen/wir bleiben zu Hause/wir fahren nach Hause.“

Nichts davon will sagen, daß Sie schlechte Eltern sind, da alle Eltern diese Situationen von Zeit zu Zeit erleben. Wenn Sie jedoch meinen, daß diese Ereignisse Ihr Leben mit dem Kind dominieren, sollten Sie erst an Ihrem Verhältnis zu Ihrem Kind arbeiten, *bevor* Sie beginnen, das Schlafverhalten des Kindes zu verändern.

POSITIVER DENKEN

- Schenken Sie Ihrem Kind viel Aufmerksamkeit und Lob, wenn es Ihnen gehorcht und zufrieden ist. Sie können Ihr Kind nie genug loben! Sogar Kinder, die noch nicht sprechen können, verstehen sehr viel von dem, was Sie sagen und können aus Ihrem Tonfall schließen, wann sie gelobt werden.
- Bleiben Sie bei allen Konfrontationen möglichst ruhig.
- Ignorieren Sie das Verhalten des Kindes nicht, aber spielen Sie die Bedeutung herunter, indem Sie ruhig bleiben. Sprechen Sie mit ablehnendem, nicht ärgerlichem Tonfall.

- Machen Sie Ihre Drohungen immer sofort wahr. Drohen Sie jedoch nur einem Kind, das auch die Bedeutung der Strafe versteht. Es hilft nicht zu sagen „Wir fahren am Nachmittag nicht einkaufen", wenn das Kind vormittags sein Glas absichtlich umgestoßen hat, da der Zeitabstand zwischen Tat und Strafe zu groß ist. Haben Sie das Gefühl, daß sich Ihr Verhältnis zu Ihrem Kind tagsüber gebessert hat, werden Sie auch Schlafprobleme lösen können.

SCHLAFEN UND ARBEITEN

Es ist unbestreitbar, daß wir heute härter arbeiten als noch vor einer Generation. Wir arbeiten länger, stehen mehr unter Streß und legen längere Strecken zwischen Heim und Arbeitsplatz zurück. Nur wenige Menschen können mittags nach Hause fahren, und sogar die Mittagspause selbst wird immer kürzer.

Kurz gesagt benötigen wir mehr Energie, um den Arbeitstag zu bewältigen – und somit in der Nacht meist mehr Schlaf. Sind die Nächte unterbrochen, kommen Sie spät ins Bett oder ist der Abend anstrengend, werden Sie den Anforderungen des Tages weniger gewachsen sein.

BEWÄLTIGUNG DER ARBEIT

Die folgenden Tips sollen Ihnen bei der Bewältigung Ihrer Arbeit helfen. Nicht alle werden auf Ihre Situation zutreffen und nicht alle werden Sie ansprechen, doch könnten Ihnen manche einen Anstoß liefern, die Situation zu verbessern.

■ Nehmen Sie so lange Erziehungsurlaub, wie Sie können. Es ist anstrengend, sich an das Leben mit einem Baby zu gewöhnen, und Sie brauchen Zeit und Abstand von Ihren anderen Pflichten.

■ Beginnen Sie langsam wieder zu arbeiten. Fangen Sie Teilzeit an, und versuchen Sie, den Job zu teilen oder die Arbeitszeit zu verändern.

■ Nehmen Sie Gleitzeit, um die Stauzeiten zu vermeiden.

■ Arbeiten Sie an den Wochenenden nicht.

■ Können Sie schlafen oder sich ausruhen, wenn das Baby am Wochenende oder im Urlaub tagsüber schläft?

■ Überlegen Sie, das Kind ins Familienbett zu nehmen, damit Sie möglichst viel Ruhe bekommen und die Nächte weniger unterbrochen werden.

■ Versuchen Sie oder Ihr Partner, am Abend so nach Hause zu kommen, daß Sie noch Zeit mit dem Kind verbringen und eine Ruheperiode einführen können (siehe Seite 72).

■ Gleichzeitig sollten Sie versuchen, die Gesellschaft des Babys am Abend zu genießen und es nicht nur für die Nacht fertig zu machen, wenn Sie nach Hause kommen. Einige Babys wollen am Abend mit Ihnen spielen, wenn Sie tagsüber nicht da sind.

6

Register